AI 알고리즘의 이해

AI문고

인공지능 시대입니다. 기계가 인간의 인지를 대신하고, 사물이 인간을 통하지 않고 다른 사물과 직접 커뮤니케이션합니다. 이에 따른 인간 삶과 문명 변화를 정확히 이해 · 예측 · 대응하는 것은 이 시대 우리 모두의 과제입니다. AI문고는 인공지능 기술과 환경의 여러 주제를 10가지 키워드로 정리합니다. 관련 개념과 이론, 학계와 산업계의 쟁점, 우리 일상의 변화를 다룹니다. 인간과 기술의 현재, 미래를 세심히 분석합니다.

일러두기

- 인명, 작품명, 저서명, 개념어 등은 한글과 함께 괄호 안에 해당 국가의 원어를 병기했습니다.
- 외래어 표기는 현행 어문규정의 외래어표기법을 따랐습니다. 다만 '딥러닝', '딥마인드', '딥페이크' 등은 관행을 따랐습니다.

처음이세요?

전문가세요?

AI 알고리즘의 이해

이종원

대한민국, 서울, 커뮤니케이션북스, 2024

AI 알고리즘의 이해

지은이 이종원
펴낸이 박영률

초판 1쇄 펴낸날 2024년 12월 27일

커뮤니케이션북스(주)
출판 등록 2007년 8월 17일 제313-2007-000166호
02880 서울시 성북구 성북로 5-11
전화(02) 7474 001, 팩스(02) 736 5047
commbooks@commbooks.com
www.commbooks.com

ISBN 979-11-7307-341-0 03500

책값은 뒤표지에 표시되어 있습니다.

차례

우리 삶을 변화시키는 AI의 학습 원리

2024년 10월 노벨 물리학상은 AI 알고리즘 중 하나인 딥러닝(Deep Learning)의 선구자로 불리는 존 홉필드(John Hopfield) 교수, 제프리 힌턴(Geoffrey Hinton) 교수에게 돌아갔다. 며칠 후 노벨 화학상은 단백질 구조 분석의 새 장을 연 공을 인정받아 알파폴드 AI 알고리즘을 개발한 구글 딥마인드(Goodgle DeepMind)의 대표 데미스 허사비스(Demis Hassabis), 수석연구원 존 점퍼(John Jumper)가 공동 수상자로 선정되었다. 노벨상이 주로 전통 물리학이나 화학 분야 연구자에게 주어졌던 것을 생각해 볼 때 이는 매우 이례적이다. 인류에게 얼마나 공헌하였는지를 기준으로 그 수상자가 결정된다는 것을 고려하면, 2024년 노벨상은 AI 알고리즘이 우리에게 거대한 영향을 미치고 있다는 것을 보여 주는 확실한 사례라 할 수 있다.

'매그니피선트 7(M7, Magnificent 7)'은 마이크로소프트, 애플, 엔비디아, 알파벳, 아마존, 메타, 테슬라 등 미국 증시를 주도하고 있는 7개 기업을 말한다. 2024년 2

월 도이치뱅크가 발간한 보고서에 따르면 M7 기업의 전체 시총은 13조1천억 달러다. 이는 미국 다음으로 시장 규모가 큰 중국의 전체 시가총액 11조5천억 달러보다 많다. 일본, 프랑스, 영국 증시의 시총을 모두 합한 12조3천억 달러 이상이며, 한국 시장 1조7천억 달러에 대비하면 약 8배 수준이다. M7 기업의 가치가 이렇게 급상승한 원인은 무엇보다 AI(Artificial Intelligence, 인공지능) 열풍에 힘입은 바가 크다고 할 수 있다.

바야흐로 지능화 세계가 막을 열었다. 무수한 정보들이 서로 연결되면서 이를 활용하는 AI는 혁신을 주도하는 도구로 자리매김하고 있다. 검색엔진, 자율주행 등 기존 기술 자동화 분야에 더하여, 음악, 미술, 수필 등 창작의 영역까지 수많은 응용 분야에서 AI는 점차 그 역할을 넓혀 가고 있다.

AI는 우리의 삶을 크게 변화시키고 있지만, 그 학습과 작동 원리에 대해서는 대부분 생소하게 여기는 것이 사실이다. 단, AI 알고리즘이라 하면 학습뿐만 아니라 추론 등 그 범위가 너무 넓어지기 때문에, 이 책에서는 AI 학습 알고리즘에 집중하여 서술하였다. AI 학습에도 데이터 종류, 목적 등에 따라 매우 다양한 알고리즘이 존재한다. 따라서 여러 가지 알고리즘을 체계적으로 분류하고 그 작동 원리를 개념적으로 이해할 수 있게 해 주는 안내서가 필요하다고 생각하였다. 물론 본 서가 모든 알고리즘을 포함하지는 못하지만, 대표적인 알고리즘에 대한 개략적 소개서로는 무난할 것으로 여겨진다. 프로그래밍과는 전혀 무관한 독자들도, 이 책을 통하여 AI가 학습하고 동작하는 원리를 전체적으로 조망할 수 있을 것이다.

AI 분야에 종사한다고 하더라도 현재 사용 중인 알고리즘 이외 다른 분야 또는 새로이 생성되는 모든 AI 알고리즘을 스스로 따라가는 것은 쉽지 않다. 그러한 면에서 AI 알고리즘의 통합적인 개념에 따른 분류를 이해한다면 개발 방향 설정에 도움이 될 것이다. AI 알고리즘의 큰 줄기를 이 책을 통해 훑어보고, 관심 있는 알고리즘은 세부 내용이 담긴 자료를 참고하는 식으로 연구 개발 기간을 단축한다면 저자의 목적은 달성된 셈이다.

AI의 학습 원리를 이해하여 지능화 세계를 바라보는 시야를 넓히는 목적으로, 본 책에서는 다음과 같은 내용을 다루고 있다.

AI 알고리즘 개요

AI 알고리즘은 컴퓨터 시스템이 인간의 개입 없이 데이터를 분석하고, 학습하며, 결정을 내리게 하는 절차나 방법을 의미한다. 데이터를 기반으로 특정 패턴을 학습하고, 학습된 내용을 바탕으로 새로운 데이터를 처리하거나 예측하게 된다. 1950년대 튜링 테스트(Turing Test)가 실시되었고, 기계가 인간과 구별되지 않을 정도로 지능적인 대화를 나눌 수 있는지 판단하는 이 실험은 AI의 첫걸음으로 평가받고 있다. 이후 1956년 다트머스 회의에서 'AI'라는 용어가 처음 사용되면서 본격적인 AI 연구가 시작되었다.

1997년 IBM의 '딥 블루(Deep Blue)'가 세계 체스 챔피언인 가리 카스파로프(Garry Kasparov)를 이겼고, 2012년 딥러닝이 이미지 인식 분야에서 획기적인 성과를 이루었다. 2016년 구글 딥마인드의 '알파고(AlphaGo)'가 세계적인 바둑기사 이세돌을 바둑에서 패배시키는 등 AI는 단순한 계산 기계에서 스스로 학습하고 판단하는 시스템으로 진화하고 있다. 특히, 현재 AI는 딥러닝 등 학습 알고리즘의 급속한 발전으로 의료, 금융, 자율주행, 자연어 처리 등에서 과거 상상하지 못하였던 변화를 가져오는 중이다.

기초 수학

AI 알고리즘 설계 및 개발에 중요한 수학 분야로는 선형대수, 확률과 통계 등이 있다. 이 책에서는 수학적 배경이 부족한 독자이더라도 이해에 어려움이 없도록, 복잡한 수식을 배제하고 최대한 쉽게 기술하는 것을 목표로 하였다.

선형대수는 벡터와 행렬을 이용하는 분야다. 벡터는 방향성과 크기를 가진 수학적 객체이고, 행렬은 이러한 벡터를 배열한 구조다. 컴퓨터는 벡터나 행렬의 형태로 데이터를 연산 처리한다. 따라서 거대한 양의 데이터를 다루는 AI 엔진에서 선형대수는 핵심 분야라 할 수 있다. 예를 들어 신경망에서 가중치, 편향 등의 데이터 세트는 행렬로 나타낸다. 공간 사상, 차원 축소, 데이터 결합과 같은 개념을 구현할 때는 고유치 계산, 수렴 처리 등 다양한 선형대수 이론이 적용된다.

확률과 통계는 데이터의 불확실성을 다룰 때 필요하다. 사건의 발생 가능성을 수치 데이터로 표현하며, 이를 기반으로 패턴을 찾고 모델을 구축한다. 기계학습(Machine Learning)에서 확률 분포는 주로 데이터 모델링에 사용된다. 베이즈 정리 등의 개념은 의사 결정 모델의 원활한 동작을 위한 중요 역할을 담당하고 있다. 또한 통계적 가설 검정은 모델 성능 평가의 도구다.

기계학습

기계학습이란 데이터를 학습하여 인식한 패턴을 기반으로 의사를 결정하고 미래 데이터를 예측하는 모델을 구축하는 것이다. 기존 프로그래밍 방식에서는 개발자가 규칙을 명시하지만, 기계학습은 학습한 내용을 바탕으로 프로그램 스스로 규칙을 발견하도록 설계된다. 따라서 데이터의 양과 질이 모델의 성능에 결정적인 영향을 미치게 된다. 주어진 데이터의 패턴을 인식할 수 있을 정도로 충분한 양의 데이터가 학습된다면, 복잡한 비정형의 데이터도 높은 성능으로 처리할 수 있다.

기계학습은 크게 지도 학습, 비지도 학습, 강화 학습 세 가지 유형으로 분류된다. 지도 학습은 레이블이 있는 데이터를 사용하여 학습하는 방식이다. 비지도 학습은 레이블이 없는 데이터를 사용하여 학습하며, 데이터 내 자연스러운 군집 및 패턴이 형성되는지를 탐색하게 된다. 강화 학습은 행위자와 환경의 상호작용을 관찰하고, 행위자의 보상을 최대화하는 방향으로 행동을 학습하는 것이다.

지도 학습 알고리즘

지도 학습 알고리즘은 주어진 입력에 대해 정답 출력이 있다는 것을 바탕으로 모델을 학습하는 방법이다. 데이터와 정답이 명확히 주어지는 문제에서 높은 성능을 발휘한다. 예를 들면, 스팸 메일을 분류하는 작업에서 스팸 메일과 일반 메일의 레이블을 사전에 부여하는 것이다. 부여된 정답을 기반으로 모델을 학습시키고, 학습 내용에 기반하여 새로운 이메일이 들어왔을 때 스팸 메일인지 아닌지를 예측하게 된다.

지도 학습은 크게 연속적인 값을 예측하는 회귀 알고리즘과 이산적인 값 예측에 사용되는 분류 알고리즘으로 나뉜다. 대표적인 회귀 알고리즘은 데이터군 사이의 일차 관계를 가정하는 선형 회귀, 여러 독립 변수를 이용하는 다중 회귀 등이 있다. 분류 알고리즘은 스팸 메일 분류, 질병 여부 진단 등에 사용된다. 대표적 알고리즘은 트리 형태로 데이터를 분류하는 결정 트리, 확률에 기반한 로지스틱 회귀, 이웃 포인트와의 거리를 비교하는 K-최근접 이웃 알고리즘 등이 있다.

비지도 학습 알고리즘

비지도 학습은 정답이 없는, 즉 레이블이 없는 데이터를 학습하는 방법이다. 데이터 레이블이 없는 경우에도 데이터 내 유의미한 패턴을 발견하는 것을 목표로 하며, 데이터 내 패턴이나 군집을 스스로 정의한다. 주로 데이터 시각화, 데이터 구조 해석, 새로운 데이터의 분류 등에 사용된다.

비지도 학습 알고리즘의 예로는 군집화 알고리즘과 연관 규칙 학습이 있다. K-평균 군집화 알고리즘에서는 데이터를 몇 개의 그룹으로 나눈다. 그룹 중심점들을 계산하고 그룹을 재배치하는 것을 반복하여 최적의 군집을 형성하도록 한다. 계층적 군집화 알고리즘에서는 데이터를 트리 구조로 구분하고 작은 군집에서 점차 큰 군집으로 결합시킨다. 연관 규칙 학습은 데이터 간에 빈번히 발생하는 관계를 탐색하며 시장 바스켓 분석 등에 사용된다.

강화 학습 알고리즘

강화 학습은 행위자가 환경과 상호작용하면서 주어진 목표를 달성하기 위해 최적의 행동을 학습하는 방법이다. 상호작용을 통해 보상을 최대화하는 방향으로 학습이 이루어지기 때문에, 실시간 시스템에서 강한 문제 해결 능력을 보여 준다. 게임, 로봇 공학, 자율주행 등에서 널리 활용된다.

마르코프 결정 과정은 해결해야 할 문제를 수학적으로 모델링할 때 이용되는 강화 학습의 핵심 개념이다. 행위자가 현재 상태에서 어떤 행동을 취할 때, 그 결과로 도출되는 다음 상태 및 받는 보상 등 일련의 과정을 설명한다.

Q-러닝은 행동에 대한 보상 값을 학습하여 최적 행동을 결정하는 기법이다. 상태와 행동의 조합 결과인 Q-값을 업데이트하는 방식으로 학습한다. 심층 Q-러닝은 신경망을 사용하여 Q-값을 근사화하는 방식으로, 딥러닝을 적용하여 복잡한 환경에서도 강화 학습을 가능하게 해 주는 기법이다. 정책 변화도는 행위자가 직접 최적의 정책을 학습하는 방법으로, Q-러닝이 잘 동작하지 않는 환경에서 주로 사용된다.

신경망과 딥러닝

신경망은 인간의 뇌를 모방한 다층 구조 모델이다. 각 계층은 수학적 연산 유닛인 뉴런으로 구성된다. 신경망을 거칠 때 가중치와 편향을 조정하는 방법으로 데이터를 학습한다. 이미지 처리, 음성 인식, 자연어 처리 등에서 많은 성과를 이루고 있다.

역전파 알고리즘은 신경망 학습의 기초 이론으로, 출력값과 실제 정답 사이의 오차를 최소화하는 방향으로 가중치와 편향을 업데이트하는 것이다. 업데이트가 늘어날수록 더 정확한 예측이 가능해진다.

딥러닝은 신경망을 여러 층으로 쌓아 올린 형태로, 복잡한 데이터 구조나 패턴을 학습하는 데 유용하다. 딥러닝의 대표적인 모델로는 합성곱 신경망과 순환 신경망이 있다. 합성곱 신경망은 중요한 특징은 강조하고 불필요한 정보는 제거하는 방식으로 학습하며, 이미지의 공간 구조 인식에 기존 알고리즘 대비 탁월한 성능을 보여준다. 순환 신경망은 이전 정보를 기억하여 현재 출력에 반영하는 구조로, 시계열 데이터 또는 자연어 처리에 널리 사용된다.

고급 알고리즘

고급 알고리즘은 더 복잡한 문제를 해결하거나, 기존 알고리즘의 성능을 더욱 높이려는 목적으로 사용한다. 대표적으로 서포트 벡터 머신(Support Vector Machine), 앙상블(Ensemble Learning) 학습, 차원 축소 기법, 트랜스포머 알고리즘 등이 있다.

서포트 벡터 머신은 데이터를 분리하는 초평면을 찾

고 마진(margin)을 최대화하는 방식으로 분류 성능을 높인다. 고차원의 복잡한 데이터를 분류할 때 효과적이다. 앙상블 학습은 여러 개의 모델을 결합하여 고차원 공간에서의 예측 성능을 향상한다. 대표적으로 여러 개의 결정 트리를 결합하는 랜덤 포레스트(Random Forest), 여러 개의 저성능 학습자들을 순차 학습하여 예측 성능을 높이는 부스팅(Boosting) 등이 있다. 차원 축소는 데이터의 차원을 줄여 분석 효율성을 높이는 기법이다. 예를 들면 데이터 주요 특성을 유지하면서 불필요한 정보를 제거하여, 학습 속도는 높이고 과적합을 줄이는 주성분 분석이 있다. 트랜스포머(Transformer) 알고리즘은 전체 시계열 데이터를 한 번에 처리한다. 셀프어텐션(Self-Attention) 메커니즘을 사용하여 토큰 사이의 상관관계를 한 번에 학습하는데, 데이터 병렬 처리가 가능하여 탁월한 속도를 보여 준다.

AI 알고리즘 응용 사례

AI 알고리즘은 자연어 처리, 이미지 및 비디오 처리, 자율주행 자동차, 추천 시스템, 보건 의료 등 다양한 응용 분야에서 이미 우리 삶 깊숙이 들어와 있다.

자연어 처리는 인간의 언어를 이해하여 유의미한 정

보를 추출하는 것으로, 텍스트 번역, 감정 분석, 챗봇 등을 예로 들 수 있다. 이미지 및 비디오 처리는 객체 인식, 얼굴 인식, 동작 분석 등에 사용되며, 합성곱 신경망 알고리즘이 핵심 역할을 담당 중이다. 자율주행 자동차는 데이터를 감지하고 이를 실시간 분석하여 안전한 주행을 도와주는 것이다. 주행 경로 계획, 장애물 인식, 차량 간의 거리 조정 등에 AI 알고리즘이 활용되고 있다. 추천 시스템은 개인의 행동 데이터를 분석하여 개인화된 콘텐츠를 제공하는 것으로, 미디어 콘텐츠 추천, 쇼핑 상품 추천 등이 그 활용 예다. 보건 의료 분야에서는 AI를 활용한 의료 영상 분석, 질병 진단, 맞춤형 치료 계획 수립 등이 이루어지고 있다.

미래의 AI 알고리즘

미래 AI 알고리즘은 현재 AI 알고리즘의 한계를 극복하여 새로운 가능성과 혁신을 일으킬 것으로 기대된다. 미래 유망한 AI 기술의 대표적인 예로 '설명 가능한 AI'와 '양자 기계학습'을 들 수 있다.

기존 AI 시스템은 예측 결과만 볼 수 있을 뿐 그 예측이 어떻게 만들어졌는지 과정이 블랙박스에 가깝다. '설명 가능한 AI'는 AI 알고리즘이 예측 결과를 내리는 일련의 의사 결정 과정을 설명할 수 있도록 하는 것이다. 이는 의료, 금융 등 높은 수준의 신뢰성과 책임이 요구되는 분야에서 필수 기술로 부상할 것이다.

'양자 기계학습'은 양자 컴퓨팅의 발전으로 더욱 빠르고 효율적으로 학습시키는 기술이다. 월등한 계산 능력을 지닌 양자 컴퓨팅을 활용한다면, 현재 컴퓨터로 합리적인 시간 내 계산할 수 없는 복잡한 문제의 해결이 가능해진다. 기존 학습 모델을 가속할 뿐만 아니라, 양자 컴퓨팅 환경에 적합한 AI 알고리즘도 새로이 연구될 것이다.

살펴본 바와 같이 이 책에서는 AI 학습의 기본 개념에서 시작하여, 현재 널리 사용되는 AI 알고리즘과 고급 알고리즘, 그리고 미래 유망 기술까지 포괄적으로 다루고 있다. 이 책을 통해 독자들의 AI에 대한 이해도가 깊어지기를 진심으로 바란다. 우리 삶을 변화시키고 있는 AI의 동작 방식을 이해하고 활용하는 능력은 앞으로 더 중요해질 것이기 때문이다.

참고문헌

IBM. 머신러닝 알고리즘이란 무엇인가요?.
https://www.ibm.com/topics/machine-learning-algorithms

Lee, Y.(2023.8.1). 생성형 AI(Generative AI)의 소개. https://www.dgmunit1.com/blog/genAi/01_Introduction-to-generative-ai

NVIDIA Korea(2016.3.13). 인공지능(AI)은 어떻게 발달해왔는가, 인공지능의 역사. https://blogs.nvidia.co.kr/blog/history_of_ai/

Smith, E.(2024.2.19). Magnificent 7 profits now exceed almost every country in the world. Should we be worried?. CNBC. https://www.cnbc.com/2024/02/19/magnificent-7-profits-now-exceed-almost-every-country-in-the-world-should-we-be-worried.html

01
AI 알고리즘 개요

그동안 풀지 못했던 여러 분야의 수많은 문제를 해결해 내면서, AI 알고리즘에 대한 대중의 관심과 연구가 늘어나고 있다.

AI와 1인 창업?

AI 알고리즘은 컴퓨터 시스템이 사람의 개입 없이 데이터를 분석하고, 학습하며, 결정을 내리도록 하는 일련의 기법이다. 데이터에서 특정 패턴을 학습하고 이를 기반으로 새로운 데이터가 입력되었을 때 출력을 예측한다. 그동안 풀지 못했던 여러 분야의 수많은 문제를 해결해내면서, AI 알고리즘에 대한 대중의 관심과 연구가 늘어나고 있다.

AI 알고리즘의 초기 발전과 역사

앨런 튜링(Alan Turing)은 컴퓨터 과학의 선구자이자 AI의 아버지로 불린다. 1950년 그에 의해 개발된 튜링 테스트(Turing Test)는 상대가 누구인지 모르고 대화했을 때, 그 상대가 기계인지 인간인지 구별하는 실험이다. 기계가 인간과 같은 지능적인 대화를 나눌 수 있는지를 평가하여, 인간과 같은 기계를 탐구한 AI 연구의 첫 번째 시도로 여겨지고 있다.

튜링 테스트 이후 1956년 다트머스 회의(Dartmouth Conference)에서 본격적으로 AI 연구가 시작되었다. 이 회의를 통해 'Artificial Intelligence(AI, 인공지능)'라는 용어가 처음 사용되었으며, AI가 학문적으로 독립된 연구 분야로 자리 잡게 되었다. 초기 AI 연구는 규칙 기반

시스템을 중심으로 진행되었고, 주로 논리적 추론과 검색 알고리즘을 통해 문제 해결을 시도하였다. 단, 이러한 알고리즘으로 고차원의 복잡한 문제를 해결하기에는 한계가 있어서, 지능적인 행동을 하는 기계를 구현하는 것은 쉽지 않았다.

AI 알고리즘의 발전 과정

앞선 이슈를 해결하여 AI 알고리즘의 급속한 발전을 이룬 몇 가지 사건이 있다. 1997년 IBM의 딥 블루(Deep Blue)는 세계 체스 챔피언인 가리 카스파로프(Garry Kasparov)를 이겨 AI 역사에 중요한 이정표를 새겼다. 딥 블루는 복잡한 체스 게임에서 수백만 개의 가능한 수를 계산하여 최적의 수를 선택하였는데, 이는 당시 매우 혁신적인 기술이었다. 딥 블루의 승리는 AI가 프로그래머가 정의한 규칙에 따라 동작하는 기계에서 벗어나, 상당히 복잡한 문제를 스스로 해결할 수 있는 수준으로 발전했음을 보여 주었다.

2012년 딥러닝(Deep Learning) 기술이 이미지 인식 분야에서 획기적인 성과를 거두며 본격적으로 AI가 주목받기 시작하였다. 당시 이미지넷(ImageNet) 대회에서 딥러닝을 활용한 신경망 모델이 전통적인 기계학습

(Machine Learning) 알고리즘을 압도하는 성능을 보여 주었다. 딥러닝은 다층 신경망 구조를 적용한 것으로, 대규모 데이터로부터 복잡한 패턴을 추출하는 데 뛰어난 학습 성능을 보여 주었다. 딥러닝 알고리즘은 이후 이미지 인식, 음성 인식, 자연어 처리 등에서 사용되면서 AI 기술의 급속한 발전을 이끌게 된다.

2016년 구글 딥마인드(Google DeepMind)의 알파고(AlphaGo)가 세계적인 바둑기사 이세돌을 패배시켰다. 바둑은 체스보다 훨씬 복잡하여 가능한 수의 조합이 기하급수적으로 증가하기 때문에, 기존의 기계학습 기술로는 인간을 이기기 어려운 분야로 알려져 있었다. 그러나 알파고는 심층 신경망과 강화 학습을 결합한 방법을 적용하여, 인간의 사고방식을 모방하고 새로운 전략을 스스로 개발하였다. 이 사건 이후 전 세계적인 AI 열풍이 불었다고 해도 과언이 아니다. 이 일은 AI가 단순한 계산 기계를 넘어, 창의적 사고와 문제 해결 능력을 갖춘 시스템으로 진화했음을 보여 주었다.

AI 활용 현황

딥러닝을 비롯한 다양한 기계학습 알고리즘의 발전은 AI 기술의 활용 범위를 넓혀 주었다. 자연어 처리, 의료,

금융 등 축적된 대규모 데이터를 학습할 수 있는 분야에서, 주요 의사 결정 및 예측 모델 구축에 혁신적인 변화를 불러오고 있다.

자연어 처리 알고리즘은 인간의 언어를 이해하여 유의미한 정보를 추출하는 것이다. 최근 GPT 등 대규모 언어 모델이 급속도로 발전하면서 음성 인식, 번역, 문서 요약 등 응용 분야가 점점 확장되고 있다. 의료는 AI 개발이 대규모로 이루어지는 분야다. 의료 영상을 딥러닝 알고리즘으로 분석하여 진단의 정확성을 높이거나, 유전체 정보를 이용한 맞춤형 치료를 제공하는 등 다방면의 연구가 진행되고 있다. 금융 분야에서도 시장 예측, 거래 자동화, 초고속 대응 등에서 AI를 활용 중이다.

AI 기술은 다양한 산업 분야에서 매우 빠르게 적용되고 있으며, 앞으로 AI 기술이 가져올 변화는 더욱 클 것으로 예상된다.

AI 알고리즘

2장부터는 AI 알고리즘의 뿌리 개념에서 시작하여, 각 분류 내 하부 내용까지 개념 위주로 설명할 것이다. 지도 학습, 비지도 학습, 강화 학습 등 전통적인 기계학습 기법부터 신경망과 딥러닝, 고급 알고리즘까지 원리와 사례 위주로 기술한다.

기계학습은 데이터를 학습시키고 이를 이용하여 새로운 데이터에 대한 예측 또는 결정을 내리는 방법으로, 문제의 유형과 학습 방법에 따라 지도 학습, 비지도 학습, 강화 학습 등으로 나눈다. 딥러닝은 기계학습의 일종으로 심층 신경망을 이용하여 대규모 데이터에서 복잡한 패턴을 학습하는 방법이다. 여러 계층의 뉴런으로 구성된 심층 신경망을 기반으로 특히 이미지 인식, 자연어 처리 분야 등에서 혁신적 성과를 보여 주었다. 고급 알고리즘은 기존의 알고리즘을 개선하거나 더 복잡한 문제를 해결하는 데 사용되며, 서포트 벡터 머신, 앙상블 학습, 차원 축소 기법 등을 그 예로 들 수 있다.

AI 알고리즘의 미래

AI 알고리즘은 계속해서 발전할 것으로 여겨지며, 미래 AI 유망 기술로는 설명 가능한 AI와 양자 기계학습 등을 예로 들 수 있다.

설명 가능한 AI는 AI 알고리즘을 통하여 특정 결과가 도출된 근거를 설명할 수 있도록 만드는 것이다. 현재 딥러닝 알고리즘의 내부 의사 결정 과정이 불투명한 블랙박스 상태인 것을 해결해 주어, AI의 투명성을 높이고 불신을 낮춰 줄 것으로 기대된다. 양자 기계학습은 양자 컴퓨팅의 처리 성능을 이용하여 기존의 기계학습 알고리즘을 가속하는 기술이다. 양자 컴퓨팅의 기존 컴퓨터 대비 월등한 계산 능력은 기계학습 모델의 학습 속도를 획기적으로 향상하면서, 새로운 형태의 알고리즘을 개발하는 데 활용될 것이다.

AI 알고리즘의 발전은 우리의 삶을 크게 변화시키고 있다. 이제 다양한 AI 알고리즘에 대한 개념과 AI 알고리즘의 현재와 미래를 둘러볼 시간이다.

참고문헌

강전모(2020.3.10). 인공지능(AI)의 역사. 人Co BLOG. https://post-blog.insilicogen.com/blog/340

국경완(2019.3.20). 인공지능 기술 및 산업 분야별 적용 사례. ≪주간기술동향≫, 1888호, 15-27쪽.

권윤희(2024.7.11). 이세돌 NYT 인터뷰 내 세계 붕괴…AI 모든 곳 존재하는 건 시간문제. 서울신문. https://www.seoul.co.kr/news/international/2024/07/11/20240711500212

Hsu, F.(2002). *Behind Deep Blue: Building the Computer That Defeated the World Chess Champion*. Princeton University Press. 2002.

Wakabayashi, D. & Young, J.(2024.7.10). Defeated by A.I., a Legend in the Board Game Go Warns: Get Ready for What's

Next. *New York Times.*
https://www.nytimes.com/2024/07/10/world/asia/lee-sae
dol-go-ai.html

02
기초 수학

AI 알고리즘을 통찰력 있게 이해하고 이를 개발에 활용하기 위해서는, 선형대수와 확률통계 같은 수학 분야에 대한 일정 수준의 지식이 필요하다.

AI와 MBTI?

AI 알고리즘을 적용하여 개발하는 경우, 해당 알고리즘을 올바로 이해하고 프로그래밍하기 위해 필수적으로 익혀야 할 수학 개념이 존재한다. 본 장에서는 AI 알고리즘과 관련한 중요한 수학 분야인 선형대수와 확률통계를 소개한다. 이 책은 공학이나 수학 전공자가 아니라 AI에 관심이 있는 일반인을 대상으로 쓰였기 때문에 자세한 수식과 증명은 생략한다.

선형대수

컴퓨터를 이용해 거대한 양의 데이터를 처리하고 싶다면, 선형대수는 가장 중요한 수학 분야라 할 수 있다. 컴퓨터는 데이터를 연산할 때 벡터와 행렬의 형태를 사용하는데, 바로 수학에서 벡터나 행렬에 대해 다루는 분야가 선형대수이기 때문이다. 신경망 가중치 계산, 데이터 사상 등 최신 AI 알고리즘 구현에 선형대수 이론이 광범위하게 활용된다.

벡터와 행렬

'벡터(Vector)'는 방향성과 크기를 가지는 수학적 객체로 데이터의 표현에 사용된다. 간단한 예를 들면, 한 줄의 픽셀에 따른 이미지 색상 값을 벡터로 나타낼 수 있다.

데이터의 한 요소는 좌표축을 따라 벡터 형태로 배열하여 나타낼 수 있다. 이를 확장하여 데이터가 여러 가지 다양한 특징을 가지고 있다면, 각각의 특징을 각각의 축으로 조합하여 고차원의 벡터로 표현할 수 있다. 가공되지 않은 원데이터는 다차원 공간에서 점과 방향을 가지는 벡터로 표현되며, 이는 수학적으로 시각화할 수 있다.

'행렬(Matrix)'은 벡터를 여러 개 모은 것이다. 각 벡터가 행렬의 한 행 또는 한 열로 들어가며, 벡터들이 모여 행렬은 직사각형 형태로 표현된다. 예를 들면, 2차원 평면의 이미지 데이터를 표현할 때 각 픽셀의 색상 값을 하나의 행렬로 나타낼 수 있다. 이와 같이 행렬은 다차원의 데이터를 보다 직관적으로 표현할 수 있다. 또 행렬 연산 법칙을 이용하면 고차원의 여러 벡터에 대한 연산을 한꺼번에 처리할 수 있다.

컴퓨터는 이러한 방식으로 데이터를 벡터나 행렬로 구성하여 연산한다. 행렬 연산을 한다는 것은, 행렬 요소들 사이에 새로운 결합이 이루어진다는 뜻이다. 여기서 행렬은 데이터의 모음이므로, 행렬 연산을 통하여 새로운 행렬을 만드는 것은 곧 데이터의 변환을 의미한다. 예를 들어 신경망을 수학적으로 모델링한다고 가정하자. 우선 입력 데이터를 입력 행렬로, 가중치(weight) 데이터를 가중치 행렬로 만들 수 있다. 이제 입력 행렬과 가중치 행렬을 적절히 연산하면 입력 데이터와 가중치가 결합된 새로운 출력 행렬이 도출될 것이다. 이러한 행렬 연산을 통하여 우리는 뉴런 활성화 데이터 등 찾고자 하는 값을 구할 수 있다.

행렬을 더하고 곱하는 등의 행렬 연산은 AI 알고리즘뿐 아니라 컴퓨터를 이용한 대부분 연산 작업에서 핵심이 된다. 일상에서 주어진 문제를 컴퓨터가 연산할 수 있는 행렬로 모델링하고 풀이하는 것이 바로 선형대수다.

선형 변환, 고윳값, 고유벡터

'선형 변환(Linear Transformation)'은 한 공간의 벡터들을 다른 공간으로 사상(mapping)하는 것이다. 같은 연산을 할 때 B공간에서 하는 것이 A공간에서 하는 것보다 훨씬 빠르다고 가정해 보자. A공간의 문제가 주어졌을 때, A공간에서 연산하는 대신 A공간의 값들을 B공간으로 보내어 B공간에서 빠르게 계산한 후, B공간의 계산 결괏값을 다시 A공간으로 보내어 원래 주어진 문제에 대한 해를 도출할 수 있다. 회전, 이동, 확대, 축소 등의 데이터 변환과 관련한 행렬 연산이 이러한 사상의 일종으로, 선형 변환 이론을 적용하여 처리한다.

'고윳값(Eigenvalue)'과 '고유벡터(Eigenvector)'는 행렬의 특성을 뽑아낼 때 사용한다. 따라서 AI 알고리즘에서는 데이터의 주요 특징만 추출하고 싶을 때 적용할 수 있다. 선형 변환 후의 벡터가 방향이 변하지 않고 원래 벡터의 상수배가 되는 경우가 있다. 이때의 상수배 값을 고윳값, 벡터를 고유벡터라 한다. AI 알고리즘에서 활용되는 대표적인 예로 주성분 분석 등의 차원 축소 기법이 있다. 연산 효율을 높이기 위해 복잡한 차원을 축소할 때, 데이터 주요 특징은 잃지 않으면서 차원만 축소하기 위해 행렬의 고윳값을 활용한다. 여기에 분산 최대화 개념 등을 활용한다면, 방대한 데이터에 대한 처리 속도 상승뿐 아니라 분류 성능 향상도 기대할 수 있다.

확률통계

확률통계는 데이터의 불확실성을 모델링하고 처리할 때 사용된다. 기계학습 모델은 주어진 데이터를 학습한 후, 학습된 패턴을 기반으로 새로운 데이터 예측을 수행한다. 따라서 올바른 예측을 위해서는 학습 데이터의 특성과 불확실성을 이해하는 것이 중요하다. 확률 분포, 조건부 확률, 통계적 추론 등이 이에 적용되는 기초 개념이라 할 수 있다.

확률 분포

'확률 분포(Probability Distribution)'는 사건 발생 확률을 수학적으로 표현한 것으로, AI 알고리즘에서는 데이터 분포를 표현할 때 널리 사용한다. 이산 확률 분포와 연속 확률 분포로 나뉜다. 이산(Discrete)은 '서울, 부산, 인천, …'등과 같이 개별 값들이 서로 뚝뚝 떨어져 있다는 것을 뜻한다. 이산 확률 분포는 이러한 이산 값이 발생할 확률을 나타내며 이항(Binomial) 분포, 푸아송(Poisson) 분포 등을 예로 들 수 있다. 반대로 연속(Continuous)은 실수 전체 집합과 같이 끊어지지 않고 이어진 것을 의미한다. 대표적인 연속 확률 분포에는 정규(Normal) 분포, 지수(Exponential) 분포가 있다. 정규 분포에서는 데이터가 평균을 중심으로 대칭적으로 분포한다. 특히 자연에서 빈번히 발생하는 분포로 알려져 있기 때문에, 많은 AI 알고리즘의 기본 분포 모델로 사용되고 있다.

조건부 확률과 베이즈 정리

'조건부 확률(Conditional Probability)'은 한 사건이 발생했다는 조건하에 다른 사건이 발생할 확률이다. 특정 조건하에서 결과를 예측할 때 중요하게 사용된다. 스팸 메일 필터링 시스템의 예를 들면, 메일에 특정 단어가 포함되었을 때 스팸 메일일 확률을 조건부 확률을 통해 계산할 수 있다. '베이즈 정리(Bayes' Theorem)'는 조건부 확률을 구하기 위한 공식으로, 어떠한 데이터가 주어졌을 때 사후 확률을 계산하는 것이다. 데이터가 주어지는 것을 기준으로 사전 확률과 사후 확률 간의 관계를 이용하여, 새로운 데이터 입력 시 기존 예측을 업데이트할 수 있으므로 기계학습에서 중요한 역할을 한다.

통계적 추론과 가설 검정

'통계적 추론(Statistical Inference)'은 데이터를 기반으로 모집단의 특성을 추론하는 기법이다. 표본 데이터를 학습한 결과를 이용하여 모집단을 일반화하는 데 사용된다. '가설 검정(Hypothesis Testing)'은 통계적 추론의 일종으로, 가설이 참인지를 판단한다. 예를 들어 특정 치료법이 효과가 있는지 가설을 세우고, 실험 결과를 분석하여 가설을 검정하는 것이다. 주로 AI 알고리즘의 성능 평가 및 결과 비교에 적용된다.

수학 개념의 AI 알고리즘 적용 사례

'선형 회귀(Linear Regression)'는 데이터 분석 및 예측에 선형대수 개념을 적용하는 대표적 알고리즘이다. 입력과 출력 데이터의 관계를 직선(선형)으로 나타내며, 직선의 기울기와 절편을 계산하고 각 데이터 사이의 관계를 구한다. '로지스틱 회귀(Logistic Regression)'는 확률통계 개념을 적용하는 알고리즘이다. 입력과 출력 데이터의 관계를 곡선으로 표현하고, 특정 사건 발생하의 조건부 확률을 이용하여 데이터를 분류한다. '신경망(Neural Networks)' 알고리즘의 경우 선형대수와 미적분 연산이 사용된다. 행렬 연산을 적용하여 신경망 각 계층의 선형 변환 및 비선형 활성화 함수를 처리한다. 또 학습 오차를 최소화하도록 가중치를 조정할 때 미적분을 활용한 역전파 기법을 이용한다.

AI 알고리즘과 기초 수학

AI 알고리즘이 데이터를 처리하고 학습하며 예측을 도출하는 데 다양한 수학 이론이 핵심 역할을 담당하고 있다. 따라서 AI 알고리즘을 통찰력 있게 이해하고 이를 개발에 활용하기 위해서는, 선형대수와 확률통계 같은 수학 분야에 대한 일정 수준의 지식이 필요하다고 할 수 있다. 기술의 발전 속도가 빨라지고 AI 알고리즘이 더욱 복잡해짐에 따라, 효과적인 AI 프로그래밍을 위해 더욱 깊은 수학적 이해가 요구될 것이다.

참고문헌

손진곤·강태원(2015). 『선형대수』. 한국방송통신대학교출판문화원.

Anton, H., et al.(2020). *Elementary Linear Algebra*. Wiley.

Friedberg, S.(1996). *Linear Algebra*(3rd ed.). Prentice-Hall.

Leon-Garcia, A.(1994). *Probability and random processes for electrical engineering*. Addison-Wesley.

Murphy, K. P.(2012). *Machine Learning: A Probabilistic Perspective*. MIT Press.

Pagano, R. R.(2010). *Understanding statistics in the behavioral sciences*. Wadsworth, Cengage Learning.

Strang, G.(2005). *Linear Algebra and Its Applications*(4th ed.). Brooks/Cole. 2005.

03
기계학습

기계학습은 데이터를 이용해 패턴을 학습하고 이를 기반으로 새로운 데이터를 예측하고 의사 결정을 내리는 기법이다.

AI와 난임 극복?

기계학습(Machine Learning)의 사전적 의미는 데이터를 학습하고 일반화하여 명시적 명령 없이 작업을 수행할 수 있는 통계 알고리즘의 개발과 관련된 AI의 연구 분야를 말한다. 즉, 데이터를 이용해 패턴을 학습하고 이를 기반으로 새로운 데이터를 예측하고 의사 결정을 내리는 것이다.

명시적으로 정의된 규칙을 이용하여 문제를 해결하는 것이 아니라, 데이터 기반 접근법(data-driven approach)을 활용하여 대량의 데이터를 분석하고 스스로 규칙을 도출하여 문제를 해결한다. 따라서 더 많은 데이터를 학습할수록 기계학습 모델의 성능은 향상된다. 이미지 인식, 음성 인식, 자연어 처리, 추천 시스템, 자율주행 등 일일이 규칙을 정하여 프로그래밍하기 어려운 다양한 분야에서 유용하게 활용되고 있다.

기계학습의 역사

1959년 아서 새뮤얼(Arthur Lee Samuel)은 스스로 학습하는 프로그램인 '새뮤얼 체커 플레이 게임(Samuel Checkers Playing Program)'을 발표하면서 '기계학습'이라는 용어를 처음 사용하였다. 컴퓨터가 데이터를 통해 경험을 쌓고 그 경험을 바탕으로 성능을 점점 높일 수 있다는 기계학습의 개념 및 가능성을 제시하였다. 이후 1960년대와 1970년대에는 초기 신경망 모델이 등장했지만, 당시 컴퓨터 성능의 한계로 큰 진전을 이루지는 못하였다.

1980년대 역전파(Backpropagation) 알고리즘의 개발로 효율적인 신경망 학습이 가능해지고, 컴퓨터 프로세스의 처리 속도가 상승한 데 힘입어 기계학습 분야는 빠르게 발전했다. 2000년대 들어서는 빅데이터와 그래픽처리장치(GPU, Graphics Processing Unit)의 발전으로 수많은 기계학습 연구 성과가 발표되고 있다.

기계학습의 기본 개념

데이터 세트

데이터는 기계학습이란 자동차의 연료로, 데이터 없이는 어떠한 기계학습도 이루어질 수 없다. 데이터는 보통 여러 개의 샘플로 구성되고, 각 샘플은 다시 여러 특징(feature)으로 나눌 수 있다. 사람의 나이와 몸무게를 통해 건강 상태를 예측한다고 가정하자. 이때 '나이'와 '몸무게'는 특징이라 할 수 있고, 이러한 특징을 가진 여러 사람에 대한 정보가 모인 집합을 데이터 세트(data set)라고 한다. 이 데이터 세트를 이용하여 특징을 학습하고 예측을 수행하게 된다.

모델과 학습

데이터의 패턴 및 규칙을 도출하기 위해 입력 데이터를 분석하는 것을 학습(training)이라 한다. 학습 중 예측의 정확성을 평가하여 모델을 수정하고 다시 학습하는 과정을 반복한다. 오차를 최소화하는 방향으로 모델을 조정하는 것이다.

일반화 및 과적합

학습 모델의 성능 평가를 위해 데이터 세트는 보통 훈련용(Training), 검증용(Validation), 테스트용(Test)으로 나뉜다. 훈련용은 데이터를 학습하는 데 사용되고, 검증용은 학습 과정 중 과적합(overfitting)을 방지하는 데 사용되며, 테스트용은 최종 성능을 평가하는 데 사용된다.

학습의 목적은 훈련용과 테스트용 세트 모두에서 좋은 성능을 내는 것으로 이를 일반화(generalization)가 잘되었다고 한다. 과적합이란 데이터를 과도하게 학습하여 쓸모없는 노이즈까지 학습하는 것이다. 보통 과적합이 발생하면 편향적으로 학습되어 일반화 능력이 떨어지게 된다.

기계학습의 유형

기계학습은 학습 방식에 따라 크게 지도 학습(Supervised Learning), 비지도 학습(Unsupervised Learning), 강화 학습(Reinforcement Learning)의 세 가지로 분류된다.

지도 학습은 정답이 있는 데이터를 사용해 학습하는 방법이다. 즉, 입력 데이터와 그에 대응하는 출력 정답 데이터가 주어진 상태에서, 모델이 이 둘 간의 관계를 학습하는 것이다. 지도 학습은 출력이 이산적(Discrete)인 경우에 사용하는 분류와 연속적(Continuous)인 값을 예측할 때 사용하는 회귀의 두 가지 유형으로 나뉜다. 비지도 학습은 정답이 없는 데이터를 학습하는 방법이다. 데이터를 군집화(Clustering)하거나 패턴을 찾는 데 중점을 둔다. 대부분 데이터는 출력과 입력이 일대일로 대응하지 않기 때문에, 입력 데이터만 가지고 학습하는 비지도 학습은 AI 알고리즘의 미래로 평가받고 있다. 강화 학습은 행동심리학에서 영향을 받아 어떤 행동을 취하는 것이 최적인지 학습하는 것이다. 주어진 환경과 상호작용하면서 최적의 행동을 선택하여 장기적 보상을 극대화하는 방향으로 학습한다. Q-러닝, 정책 변화도 기법 등이 있으며 주로 게임, 로봇 제어와 같은 복잡한 의사결정 분야에서 활용된다.

기계학습의 현재

기계학습은 축적된 데이터만 주어진다면 어느 분야든 높은 성능을 낼 수 있으므로, 이미지 인식, 자연어 처리, 추천 시스템, 금융, 의료 등 점점 더 많은 산업 분야에서 활용되고 있다.

컴퓨터 비전 분야에 기계학습을 접목하여 이미지나 동영상의 객체를 인식하고 분류할 수 있다. 특히 딥러닝 모델을 이용한 합성곱 신경망은 이미지 인식 분야의 급격한 발전을 이끌었다. 자연어 처리는 대량의 인간 언어 데이터를 학습하여 인간의 언어를 이해하고 생성하는 것으로, GPT, 제미나이(Gemini), 라마(Llama) 등 거대 언어모델이 속속 등장하면서 그 뛰어난 성능으로 주목받고 있다. 추천 시스템은 사용자의 과거 행동을 분석하여 그 사용자가 선호할 만한 서비스를 추천하는 기술이다. 전자상거래, 스트리밍 서비스 등에서 개인 맞춤형 서비스를 제공하고 있다. 금융과 의료 분야에서도 축적된 대량의 데이터에 기계학습을 적용하여 주식 시장 예측, 질병 조기 진단, 신약 개발 등에 활용되고 있다.

기계학습의 도전 과제

이렇게 많은 가능성을 열어 준 기계학습이지만 데이터

품질, 해석 가능성, 윤리적 문제 등 해결해야 할 과제들도 존재한다.

기계학습의 성능은 데이터의 양과 질에 크게 의존하기 때문에 양질의 데이터를 수집하고 정제하는 과정이 매우 중요하다. 게다가 딥러닝 등의 기계학습 모델은 내부 동작 원리를 알 수 없는 경우가 많아서 중요한 의사결정을 내리는 데 신뢰성 문제를 초래할 수 있다. 이에 모델의 해석 가능성을 높이는 연구가 꾸준히 진행되고 있다. 윤리적 문제 또한 간과할 수 없는 이슈다. 기계학습 기술의 활용에서 데이터 프라이버시, 알고리즘 편향, 자동화로 인한 일자리 감소 등의 문제를 충분히 고려하고 해결하려는 노력이 필요할 것이다.

기계학습 요약

기계학습은 데이터를 학습하여 패턴을 인식하는 AI의 핵심 기술이다. 학습된 모델을 이용하여 새로운 데이터에 대한 예측을 하고 의사 결정을 내리게 된다. 학습 방식으로는 지도 학습, 비지도 학습, 강화 학습 등이 존재하며 다양한 알고리즘이 빠르게 발전하고 있다. 데이터 품질 문제, 모델 해석 가능성, 윤리적 문제와 같은 이슈들이 존재하며, 이러한 문제를 극복해 나가는 것이 앞으로 기계학습의 과제가 될 것이다.

참고문헌

김환(2024). 『GenAI: 생성 인공지능의 이해와 활용』. 북랩.

Alpaydin, E.(2020). *Introduction to Machine Learning*. MIT Press.

Bishop, C. M.(2006). *Pattern Recognition and Machine Learning*. Springer.

Mitchell, T. M.(1997). *Machine Learning*. McGraw-Hill.

Samuel, A. L.(1959). Some studies in machine learning using the game of checkers. *IBM Journal of Research and Development*, 3(3), pp.210-229.

Shalev-Shwartz, S. & Ben-David, S.(2014). *Understanding Machine Learning: From Theory to Algorithms*. Cambridge University Press.

04
지도 학습 알고리즘

지도 학습은 주어진 데이터와 레이블을 바탕으로 새로운 데이터에 대한 예측을 수행하며, 회귀와 분류라는 두 가지 주요 문제 유형으로 구분된다.

AI와 사주?

지도 학습은 주어진 입력 데이터와 이에 해당하는 정답(레이블) 간의 관계를 파악하고, 이 관계를 기반으로 새로운 데이터에 대한 예측을 수행한다. 대중에게 기계학습이라고 하면 떠오르는 보편적인 학습 알고리즘이며, 정답 레이블을 사용하여 학습하는 것이 핵심이다. 지도 학습은 크게 회귀와 분류의 두 가지 유형으로 구분된다.

회귀 알고리즘

회귀 알고리즘(Regression)은 연속적인 실숫값을 예측하는 데 사용한다. 주택 가격 변화, 주식 시장, 제품의 수요 공급 등 연속적인 값을 예측하는 것을 예로 들 수 있다. 회귀 알고리즘은 주어진 데이터 포인트들 사이의 관계를 학습하며, 이를 기반으로 새로운 데이터 포인트의 값을 예측하게 된다.

선형 회귀

선형 회귀(Linear Regression)는 가장 기본적인 회귀 알고리즘으로, 두 변수 간의 선형 관계를 수학적으로 모델링한다. 데이터 포인트들의 분포에 가장 잘 맞는 직선(선형)을 찾아내는 것이 알고리즘의 목표다. 결과로 도출된 직선은 입력 데이터와 출력 간의 관계를 의미한다.

일반적으로 다음과 같은 형태로 표현된다.

Y = aX + b

여기서 X는 입력 변수, Y는 출력 변수, a는 기울기, b는 절편(또는 초깃값)을 나타낸다.

선형 회귀 모델의 학습 방법은 데이터 포인트들과 예측 직선 간 차이(오차)를 최소화하는 방향으로 기울기와 절편을 조정하는 것이다. 이 조정 과정에는 보통 최소 제곱법(Least Squares Method)이 적용된다. 최소 제곱법은 데이터 포인트들과 예측 직선 사이 차이의 제곱을 모두 합한 것을 최소화하는 기법이다. 이를 적용하면 데이터 포인트 분포에 가장 적합한 선형 학습 모델을 찾을 수 있다.

입력 데이터와 출력이 비례한다면, 즉 선형의 관계를 지닌다면 선형 회귀는 매우 효과적인 학습 알고리즘이다. 그러나 선형의 관계를 지니지 않은 데이터 세트에서는 선형 회귀 알고리즘이 좋은 성능을 발휘하기 어렵기 때문에, 다항 회귀(Polynomial Regression) 등의 비선형 회귀 방법을 사용한다.

다중 회귀

선형 회귀가 하나의 독립 변수와 하나의 종속 변수 간의 관계를 모델링하는 것에 비하여, 다중 회귀(Multiple Regression)는 여러 독립 변수들이 하나의 종속 변수에 미치는 영향을 분석한다. 예를 들어, 주택 가격을 예측하는 경우 집의 크기, 집의 위치, 주변 학교 등 다양한 요인이 주택 가격에 영향을 미칠 수 있다. 이렇게 여러 독립 변수 요인이 종속 변수인 가격에 미치는 관계를 모델링할 때 다중 회귀를 사용할 수 있다.

다중 회귀에서는 여러 독립 변수들이 종속 변수에 미치는 영향을 선형 결합하여 표현한다. 일반적으로 다중 회귀 모델은 다음과 같은 형태로 표현한다.

Y = a1 · X1 + a2 · X2 + … + an · Xn + b

여기서 Y는 출력 변수, X1, X2, …, Xn은 입력 변수, a1, a2, …, an은 각 독립 변수의 계수이고, b는 절편이다. 선형 회귀와 유사하게 학습하는 과정에서 예측 오차를 최소화하는 방향으로 계수들을 조정한다.

여기서 독립 변수들 사이의 선형 관계가 서로 더 독립적일수록, 다중 회귀 모델은 더 효과적으로 작동한다. 따라서 변수들 간 상관관계가 크다면(Multi-collinearity), 모델의 성능이 저하될 수 있다. 이를 해결하기 위해 변수 선택 기법, 정규화(Regularization) 기법 등을 사용한다.

분류 알고리즘

회귀 알고리즘이 연속적인 값을 주로 다루는 반면, 분류 알고리즘(Classification)은 출력이 이산적(discrete)인 경우에 사용된다. 입력 데이터는 특정 클래스 또는 레이블로 분류된다. 주어진 입력 데이터와 그에 대응하는 레이블을 학습하여, 새로운 데이터가 입력되었을 때 어떤 클래스에 속하는지 예측하는 것이다. 대표적인 응용 사례로 스팸 메일 필터링, 이미지 분류, 질병 진단 등이 있다.

로지스틱 회귀

로지스틱 회귀(Logistic Regression)는 이름은 회귀이지만 이진 분류(Binary Classification) 문제 해결에 주로 사용된다. 데이터 포인트가 특정 클래스에 속할 확률을 예측하며, 예측 확률은 시그모이드(Sigmoid) 함수를 사용하여 변환한다.

입력 변수의 선형 결합을 사용하지만. 선형 회귀와 다른 것은 출력이 실숫값이 아니라 확률로 표현된다는 것이다. 출력은 시그모이드 함수에 의해 0과 1 사이의 값으로 제한된다. 스팸 메일 필터링을 예로 들 수 있다. 어떤 이메일을 받았을 때 그것을 스팸으로 예측한 확률이 일정 임곗값(threshold)을 초과한다면, 해당 이메일을 스팸으로 분류하는 방식이다.

로지스틱 회귀는 단순하지만 강력한 분류 알고리즘으로, 이를 확장하면 이진 분류뿐 아니라 다중 클래스(Multi Class) 분류 문제에도 적용할 수 있다.

결정 트리

결정 트리(Decision Tree)는 분류와 회귀 문제에 모두 사용할 수 있는 비선형 알고리즘이다. 데이터 패턴을 분석하여 트리 형태의 구조를 생성하게 된다.

결정 트리는 데이터의 특징을 기반으로 의사 결정을 내리는데, 데이터들은 트리 구조의 각 분기점에서 특정 기준에 따라 분할된다. 최상위 노드인 뿌리 노드(Root Node)에서 시작하여, 하위 노드가 없는 잎 노드(Leaf Node)에 도달하면 최종적인 예측을 수행한다. 기본 아이디어는 잎 노드가 섞이지 않은 상태로 완전히 분류되도록 만드는 것이다.

결정 트리의 학습 과정은 데이터 분할을 반복하면서 정보를 최대한 잘 설명할 수 있는 분할 기준을 찾는 것이다. 일반적으로 엔트로피(Entropy)나 지니 계수(Gini Index)와 같은 측정 방법을 적용한다. 각 분할에서의 획

득되는 정보 값(Information Gain)을 계산하고, 이 값을 최대화하는 방향으로 트리를 성장시키는 것이다.

결정 트리 모델은 해석이 용이하고 직관적이지만, 과적합(overfitting) 발생 가능성이 높다는 단점이 있다. 트리가 깊어질수록 훈련용 데이터에만 적합하게 분류 체계가 만들어지기 쉽기 때문이다. 과적합이 발생하면 훈련 데이터에 없는 새로운 데이터가 입력되었을 때, 이를 일반화하여 분류하지 못하게 된다. 과적합 문제를 방지하기 위하여, 트리의 깊이를 제한하거나 특정 하부 트리를 가지치기(pruning)할 수 있다.

K-최근접 이웃

K-최근접 이웃(KNN, K-Nearest Neighbors) 알고리즘은 분류와 회귀 문제에 모두 사용이 가능한 직관적이고 간단한 알고리즘이다. 입력 데이터와 가장 가까운 K개 이웃의 레이블을 참조하여 입력 데이터의 클래스를 예측하는 기법이다.

가까운 데이터는 속성이 유사할 가능성이 높다는 것을 기본 개념으로 한다. 따라서 새로운 입력 데이터 포인트의 클래스 분류는 최근접 이웃들의 속성을 보고 다수결로 결정한다. 입력 데이터 포인트의 가장 가까운 3개의 이웃을 고려한다고 가정하자. 3개의 이웃 중 2개가 클래스 A에 속하고 1개가 클래스 B에 속한다면, 입력 데이터 포인트는 클래스 A로 분류한다.

K-최근접 이웃 알고리즘은 모집단의 형태와 무관하게 주어진 데이터에서 직접 확률을 계산하고 검정하는 비모수(non-parametric) 알고리즘이다. 이는 데이터의 분포에 대한 사전 가정을 하지 않고 사용할 수 있다는 장점이 있다. 반면, 데이터가 편향적으로 구성되어 있다면 분류도 편향될 수 있다는 단점이 존재한다. 이웃의 수 K를 어떻게 선택할지 역시 중요한 이슈다. K의 값이 너무 작으면 노이즈에 민감해지고, 너무 크면 모델이 과하게 일반화되어 분류 성능이 떨어질 수 있기 때문이다.

지도 학습 알고리즘의 선택과 적용

여러 지도 학습 중 어떤 알고리즘을 선택하고 적용할지는 문제와 데이터의 속성에 따라 달라진다. 입력과 출력의 관계가 선형적이라면 선형 회귀가 효과적인 학습 알고리즘이 될 것이고, 그렇지 않다면 다중 회귀나 비선형 회귀 알고리즘을 적용해 볼 수 있을 것이다. 분류 문제를 해결할 때는, 데이터의 복잡성 및 차원, 노이즈 등에 따라 로지스틱 회귀, 결정 트리, K-최근접 이웃 등의 알고리즘을 고려할 수 있다.

적용되는 데이터 값의 속성 또한 알고리즘 성능에 큰 영향을 준다. K-최근접 이웃 알고리즘의 경우 각 특징 변수들의 스케일, 즉 수치의 자릿수가 비슷할 때 분류 성능이 높아진다. 따라서 각 특징 데이터의 스케일이 비슷해지도록 데이터를 전처리하고, 이후 K-최근접 이웃 알고리즘을 적용한다면 더욱 향상된 결과를 얻을 수 있을 것이다. 결정 트리 알고리즘은 노이즈가 많고 불균형한 데이터를 사용할 때 과적합 문제가 발생하기 쉽다. 이 경우는 데이터를 정제하고 샘플링하는 전처리 작업을 한 후, 학습 알고리즘을 적용한다면 문제를 예방할 수 있다.

지도 학습 모델의 성능 평가에는 교차 검증(Cross-Validation) 등의 기법이 사용된다. 데이터를 여러 번 분할하고 모델을 반복적으로 평가하여 일반화 성능을 측정하는 것이다. 이를 통해 과적합을 방지하면서 세부 학습 사항을 지정하는 적절한 파라미터를 찾을 수 있다.

지도 학습 요약

지도 학습은 주어진 데이터와 레이블을 바탕으로 새로운 데이터에 대한 예측을 수행한다. 회귀와 분류라는 두 가지 주요 문제 유형으로 구분되며, 선형 회귀, 다중 회귀, 로지스틱 회귀, 결정 트리, K-최근접 이웃 등 다양한 알고리즘이 존재한다. 데이터 전처리 및 모델 성능 평가 또한 효과적인 학습 모델 구축에 중요한 역할을 담당한다. 지도 학습 예측 모델은 더욱 정확하고 효율적인 방향으로 발전하고 있다.

참고문헌

모유선 외(2015). 다중회귀분석에서 설명변수의 상대적 중요도 지표에 관한 연구. ≪한국자료분석학회지≫, 17권 6호, 2981-2990쪽.

이재문(2004). 효율적인 kNN 알고리즘. ≪정보처리학회논문지≫, 11권 7호, 849-854쪽.

Breiman, L.(1984). *Classification and Regression Trees.* Wadsworth International Group.

Draper, N. R. & Smith, H.(1998). *Applied Regression Analysis.* John Wiley & Sons.

Freedman, D. A.(2009). *Statistical Models: Theory and Practice.* Cambridge University Press.

Hastie, T., et al.(2009). *The Elements of Statistical Learning.* Springer.

Hosmer, D. W. & Lemeshow, S.(2000). Applied Logistic Regression(2nd ed.). Wiley.

Kutner, M. H., et al.(2004). *Applied Linear Regression Models.* McGraw-Hill/Irwin.

05
비지도 학습 알고리즘

비지도 학습은 레이블이 없는 데이터를
분석하여 숨겨진 패턴이나 구조를 발견한다.

AI와 아이돌?

비지도 학습은 주어진 데이터에 명확한 정답 레이블이 없는 상태에서 데이터의 패턴이나 구조를 발견하는 것이다. 지도 학습 알고리즘은 미리 정의된 출력값이 존재하여 이를 이용하여 학습하는 반면, 비지도 학습 알고리즘은 정의된 출력값이 없어서 데이터 내부의 숨겨진 패턴이나 구조의 탐색에 집중한다.

데이터의 본질적 구조를 이해하여 데이터 사이의 유사성과 차이를 파악하고, 이를 기반으로 데이터 특징을 추출하거나 분류한다. 따라서 레이블이 있는 데이터가 부족하거나, 데이터를 미리 정의된 카테고리로 분류하기 어려운 경우에 특히 유용하다. 비지도 학습은 데이터 마이닝, 데이터 압축, 특징 추출, 시장 분석, 텍스트 처리 등에서 널리 사용되며, 크게 군집화와 연관 규칙 학습의 두 가지로 구분할 수 있다.

군집화

군집화(Clustering)는 비슷한 특성을 가진 데이터 포인트들을 그룹별로 묶는 것이다. 주어진 데이터 세트에 내재한 패턴이나 구조를 파악하고, 이를 통해 여러 군집으로 데이터를 분류한다. 데이터 분포의 시각화 또는 데이터의 차원 축소 등에 효과적으로 활용된다. 대표적인 군집화 알고리즘으로 K-평균 군집화와 계층적 군집화 기법이 있다.

K-평균 군집화

K-평균 군집화(K-Means Clustering)는 데이터를 K개의 군집으로 나누는 것으로 간단하면서도 많이 사용되는 알고리즘이다. 각 군집은 데이터 사이의 유사성을 최대화하도록 구성한다.

초기화 단계에서 군집의 중심을 나타내는 중심점(centroids) K개를 임의로 선택한다. 군집 할당 단계에서는 각 데이터 포인트를 가장 가까운 중심점으로 할당한다. 중심점 업데이트 단계에서는 K개의 각 군집에 속한 데이터 포인트들의 평균을 계산하고, 이렇게 구한 평균값들은 새로운 K개의 중심점이 되는 것이다. 새로운 중심점이 생기면 다시 군집을 할당하고 중심점을 업데이트한다. 이전 값과 새로 업데이트한 값의 차이가 일정 수준 이하로 작아지는 것을 수렴한다고 하는데, 중심점이 수렴할 때까지 군집 할당 단계와 중심점 업데이트 단계를 반복하여 수행한다. 최종적으로 데이터 포인트들은 K개의 군집으로 분류된다.

K-평균 군집화는 계산 속도가 빠르며 거대한 규모의

데이터 세트에도 적용이 쉽다는 장점이 있다. 반면, 초기에 임의로 K값을 선택하는 것이 최종 성능에 영향을 미치며, 군집이 구형의 형태가 아니거나 군집 간 크기 또는 밀도의 차이가 큰 경우 성능이 저하된다는 단점이 있다.

계층적 군집화

계층적 군집화(Hierarchical Clustering)는 군집이 트리 형태를 보이도록 계층적으로 구조화하는 기법이다. 데이터 포인트들이 어느 수준에서부터 군집화되는지 시각화하는 덴드로그램(dendrogram) 트리를 생성한다.

병합적(Agglomerative) 군집화는 초기에 데이터 포인트가 각각 독립된 군집을 이루며, 점진적으로 가까운 군집을 병합해 나가는 방식의 알고리즘이다. 모든 데이터가 하나의 군집으로 합쳐질 때까지 병합 과정을 반복한다. 반면, 분할적(Divisive) 군집화는 처음에 모든 데이터 포인트를 하나의 군집으로 일단 묶은 후, 점진적으로 군집을 분할해 나가는 방식이다. 데이터 포인트들이 더 이상 분할될 수 없을 때까지 분할 과정을 반복한다.

계층적 군집화는 K-평균 군집화와 달리 군집 개수 K를 미리 정할 필요가 없다. 또한, 시각적으로 군집 형성

과정을 분석할 수 있으므로 사용자가 데이터 구조를 이해하기 쉽다. 그러나 군집화 과정을 계산하는 시간이 오래 걸리기 때문에 대규모 데이터 세트에 적용하기는 힘들다는 단점이 있다.

연관 규칙 학습

연관 규칙 학습(Association Rule Learning)은 대규모 데이터 세트에서 항목들 사이의 의미 있는 관계나 패턴을 발견하고 싶을 때 사용한다. 특정 상품이 함께 구매되는 패턴을 분석하는 시장바구니 분석(Market Basket Analysis) 등에 유용하다. 대표적인 예로는 아프리오리(Apriori) 알고리즘이 있다.

아프리오리 알고리즘

데이터 세트 내 빈발하는 항목 집합(Frequent Item Sets) 간의 연관 규칙을 찾아내는 알고리즘이다. 빈발하는 항목 집합 발견 단계에서는 일정한 최소 지지도(minimum support)를 충족하는 빈발하는 항목 집합을 탐색한다. 여기서 아프리오리(Apriori) 속성을 이용하여 빈발하지 않는 항목 집합을 효율적으로 제거할 수 있다. 연관 규칙 생성 단계에서는 찾아낸 빈발하는 항목 집합을 이용하여 연관 규칙을 생성한다. 연관 규칙은 일정 기준 이상의 신뢰도를 지니며, "A를 구매한 고객은 B도 구매할 가능성이 높다"와 같은 형태로 표현한다.

아프리오리 알고리즘은 대규모의 트랜잭션 데이터에서 데이터 사이의 연관성을 발견하고 싶을 때 매우 효과적인 기법이다. 다만, 항목 집합의 수가 클수록 계산 비용이 급격히 증가하는 단점이 있어서, 이를 해결하기 위한 최적화 기법들이 존재한다.

비지도 학습의 응용 분야

비지도 학습이 주로 사용되는 경우는 고객 세분화, 이상값 탐지, 차원 축소, 이미지 및 텍스트 처리 등 레이블이 없는 데이터의 구조를 파악할 때다.

고객 데이터를 분석하여 유사한 성향을 지닌 고객 그룹을 식별할 수 있다. 이를 이용하면 마케팅 전략을 최적화할 수 있고, 특정 고객에 대한 그룹 맞춤형 서비스를 제공할 수 있다. 비지도 학습은 정상 패턴에서 벗어난 데이터를 의미하는 이상값을 탐지할 때도 적용된다. 이는 금융 사기 탐지, 네트워크 보안, 품질 관리 등의 분야에서 중요하다. 차원 축소는 데이터 시각화 및 분석을 편리하게 할 수 있도록 데이터의 차원, 즉 복잡성을 축소하는 것이다. 차원을 축소할 때 데이터의 중요한 특징을 유지할 수 있는지가 관건이 된다. 또 비지도 학습 알고리즘은 이미지나 텍스트 데이터에서 주제나 중요 키워드를 추출할 때도 사용될 수 있다. 예를 들면 거대 언어 모델에서 활용되는 것으로, 엄청난 양의 텍스트 데이터를 비슷한 주제별 그룹으로 빠르게 분류하는 기법이 있다.

비지도 학습의 도전 과제

데이터의 숨겨진 구조와 패턴을 이해하는 데 높은 성능을 갖춘 것으로 보이는 비지도 학습 알고리즘에는 다음과 같은 도전적 이슈들이 존재한다.

결과의 해석성

비지도 학습 알고리즘의 결과물은 종종 해석할 수 없다. 예를 들어 데이터를 여러 그룹으로 분류한 결과는 알고리즘을 통해 얻었는데, 나누어진 각 그룹이 도대체 무엇을 의미하는지 어떠한 이유로 나뉘었는지 그 근거를 알 수 없다는 것이다. 특히 특정 분야의 지식이 필요한 경우에, 일반 사용자가 알고리즘의 결과를 바로 이해하기는 어려울 것이다.

초기 설정의 민감성

K-평균 군집화 알고리즘은 초기 중심점의 선택이 최종 결과에 큰 영향을 미칠 수 있다. 초기 설정에 결과가 민감하게 달라진다는 문제를 해결하기 위해, 초기 설정을 다르게 하여 여러 번 실행한 후 그중 최적의 결과를 선택하기도 한다.

스케일링 문제

데이터의 차원이 높아질수록, 즉 복잡성이 커질수록 비지도 학습 알고리즘의 성능은 급격히 저하된다. 고차원 데이터 세트에서는 각 데이터 포인트 사이의 거리가 커지고 각 거리 간 길이 차이가 벌어지기 쉽다. 이처럼 스케일링 차이가 큰 데이터들을 행렬로 나타내면, 선형대수 관점에서 행렬 연산 성능이 떨어지게 된다. 그 결과 학습 알고리즘의 성능이 저하되어 군집 간 유사성 판단 및 분류가 어려워지는 것이다. 이러한 고차원 복잡성 문제를 해결하기 위하여 데이터 스케일링 기법이 종종 활용되며, 차원 축소 기법은 그 대표적 예다.

노이즈 민감성

비지도 학습 알고리즘은 노이즈 또는 이상값에 특히 민

감하다. 따라서 노이즈 데이터 포인트로 인해 잘못된 군집이 형성되거나 의미 없는 규칙이 생성될 수 있다. 이에 대한 해결책으로 데이터 전처리 단계에서 노이즈를 제거하거나, 알고리즘 실행 시 노이즈 제거 기능을 추가할 수 있다.

비지도 학습 요약

비지도 학습은 레이블이 없는 데이터를 분석하여 숨겨진 패턴이나 구조를 발견하는 것으로, 데이터 마이닝, 고객 세분화, 이상값 탐지 등의 분야에서 활용되고 있다. 데이터의 그룹화를 통해 구조를 파악하는 군집화 알고리즘, 데이터 간의 관계를 분석하는 연관 규칙 학습이 대표적 예다. 비지도 학습 알고리즘은 결과를 해석하기 어렵고 초기 설정과 노이즈에 민감하다는 등의 단점이 존재하지만, 정답 없이 학습이 가능하다는 무엇보다 강력한 장점이 있어서 단점을 극복하는 방향으로 더욱 발전할 것으로 전망된다.

참고문헌

김용(2012). Apriori 알고리즘 기반의 개인화 정보 추천시스템 설계 및 구현에 관한 연구. ≪한국비블리아학회지≫, 23권 4호,

283-308쪽.
김정우(2021). 2단계 k-평균 군집화를 활용한 한류컨텐츠 기업 주가 예측 연구. ≪한국융합학회논문지≫, 12권 7호, 169-179쪽.
Alpaydin, E.(2020). *Introduction to Machine Learning*(4th ed.). MIT Press.
Breiman, L., et al.(1984) *Classification and Regression Trees.* CRC press.
Kaufman, L. & Rousseeuw, P. J.(2009). *Finding Groups in Data: An Introduction to Cluster Analysis.* Wiley.
Rokach, L. & Maimon, O. Z.(2008). *Data Mining with Decision Trees: Theory and Applications.* World Scientific.

06
강화 학습 알고리즘

강화 학습은 행위자가 환경과 상호작용하면서 스스로 학습하는 능력을 갖추게 하는 기법이다.

AI와 야구?

강화 학습은 주어진 환경(Environment)에서 일련의 행동을 수행할 때 그 결과로 얻는 보상을 최대로 하도록 학습한다. 행위자(Agent)가 오직 보상을 통해 스스로 최적의 행동을 찾는다는 점에서 지도 학습 또는 비지도 학습과 차별화된다. 강화 학습은 게임, 자율주행, 로봇 공학 등 여러 분야에서 뛰어난 성능을 보여 준다.

마르코프 결정 과정

마르코프 결정 과정(Markov Decision Process)은 강화 학습을 수학적으로 모델링할 때 그 기본 구조를 결정하는 과정이다. 강화 학습의 기본 구조를 네 가지 튜플(Tuple)로 구성하는데, 여기서 튜플이란 프로그래밍에 쓰이는 자료 구조의 일종으로 여러 개의 데이터를 묶은 집합을 뜻한다.

네 가지 기본 구조는 시간에 따른 상태(State), 행동(Action), 보상(Reward), 상태 전이 확률(State Transition Probability)로 구성된다. 상태 공간은 S로 나타내며, 존재할 수 있는 모든 가능한 상태들의 집합을 의미한다. 행동 공간은 A로 표현하고, 선택할 수 있는 모든 가능한 행동들의 집합이다. 보상 함수는 $R(s,a)$로 나타내며, 행위자가 상태 s에서 행동 a를 선택했을 때 얻는 보상을 나타낸다. 상태 전이 확률은 $P(s' \mid s, a)$의 조건부 확률로 표현한다. 이는 상태 s에서 행동 a를 선택했을 때, 다음 상태 s'로 전이할 확률을 나타낸다.

마르코프 결정 과정에서는 현재 상태가 미래의 상태 전이와 보상을 결정하는 데 충분한 정보를 제공한다는 마르코프 속성(Markov Property)을 가정한다. 즉, 과거의 상태나 행동에는 영향을 받지 않는다는 것이다. 상태 전이 확률 P는 오직 현재 상태 s와 현재 행동 a에만 의존하며, 과거의 상태나 행동은 고려하지 않는다.

이러한 체제에 기반하여, 강화 학습 문제는 주어진 환경에서 어떤 최적의 행동을 취할지 결정하는 문제로 환원된다.

Q-러닝

Q-러닝(Q-Learning)은 상태를 보고 행동을 하는 알고리즘으로 대표적인 강화 학습 기법이다. Q-함수에 대한 학습을 통해 최적의 정책을 찾는 것으로, Q-함수는 특정 상태에서 특정 행동을 취했을 때 기대되는 누적 보상의 값을 나타낸다. Q-러닝은 Q-함수를 반복적으로 업데이트하여 최적의 Q-함수로 수렴시키는 것이다.

Q-러닝에 대한 업데이트 수식은 기본적으로 다음과

같다.

$$Q(s_t, a_t) \leftarrow Q(s_t, a_t) + \alpha(r_{t+1}+\gamma \max_{a'} Q(s_{t+1}, a') - Q(s_t, a_t))$$

여기서, s_t는 시간 t에서의 상태를, a_t는 시간 t에서의 행동을 의미한다. r_{t+1}은 시간 t+1에서의 즉시 보상을 뜻한다. α는 학습률(Learning Rate)로, 새로운 정보가 기존의 Q-값에 얼마나 반영될지를 조절한다. γ는 할인 인자(Discount Factor)로, 미래 보상에 대한 현재 가치의 중요성을 결정한다. $\max_{a'} Q(s_{t+1},a')$는 다음 상태에서의 최적 Q-값을 의미한다.

Q-러닝을 반복하여 행위자는 최적의 Q-함수를 찾을 수 있다. 최적의 정책은 각 상태에서 가장 높은 Q-값을 갖는 행동을 선택하는 것이다. 충분한 시간 동안 모든 상태와 행동을 탐색한다면 최적의 정책은 보장된다. 이것을 다른 말로 하면, 환경이 변동하더라도 확률적으로 최적의 Q-함수에 수렴한다는 뜻이다.

심층 Q-러닝

Q-러닝에서 상태 공간의 개수가 많아지고 복잡해질수록, Q-값이 기록되는 Q-테이블은 거대해지며 매우 큰 용량의 메모리와 매우 긴 학습 시간을 요구하게 된다. 심층

Q-러닝(DQN, Deep Q-Learning)은 이를 해결하기 위해 2015년 딥마인드(DeepMind)에서 발표한 기법으로, 딥러닝이라고도 하는 인공신경망(Deep Neural Network)을 사용하여 Q-함수를 근사한다. 주요 특징으로 합성곱 적용, 경험 재현 기법, 타깃 네트워크 등이 있다.

심층 Q-러닝 알고리즘에는 합성곱 신경망(Convolution Neural Network)이 적용된다. 신경망 계층을 깊게 만들면서 파라미터 수와 연산량을 줄이는 방법이다. 또한, 기존의 Q-테이블 대신 경험 재현(Experience Replay) 기법을 사용한다. 이는 '상태-행동-보상-새로운 상태'를 하나의 세트로 보고, 경험한 각 데이터 세트를 저장한 후 무작위로 샘플링하여 학습하는 것이다. 데이터 상관성을 줄이고 학습 효율을 높이는 효과가 있다. 끝으로, 심층 Q-러닝은 학습의 안정성을 높이기 위해 타깃 네트워크(Target Network)를 사용한다. Q-네트워크를 똑같이 복제하여 이중 구조를 만들고, 이를 이용하여 학습 중 결괏값과 기준값이 동시에 움직이는 것을 방지한다.

심층 Q-러닝 알고리즘은 게임 등 복잡한 환경에서 인간 수준의 성능을 보여 주었다. 현대 AI 알고리즘 분야에서 특별히 중요한 이정표로 여겨지고 있다.

정책 변화도

Q-러닝과 심층 Q-러닝은 이산적인 값인 '상태-행동'의 가치를 학습하여 최적의 정책을 도출하는 가치 기반(Value-based) 강화 학습 알고리즘이다. 이에 반해, 행동 공간이 연속적이거나 정책 자체를 직접 학습하고자 할 때는 정책 변화도(Policy Gradient) 방법을 사용할 수 있다.

정책 변화도에서 행위자는 주어진 환경에서 장기적인 보상 또는 기대 보상을 최대화하는 정책을 탐색한다. 여기서 '상태-행동-보상'의 일련의 구성을 궤적(trajectory)이라 한다.

우선, 상태 s와 행동 a에 대한 신경망 θ를 출력하는 정책 함수 $\pi(a \mid s; \theta)$를 직접적으로 학습한다. 주어진 정책을 파라미터화하고, 해당 파라미터 최적화 과정을 통하여 최적 정책을 학습한다. 이때 여러 궤적에서 얻은 데이터를 사용하여 각 신경망에 대한 기대 보상 함수 $J(\theta)$를 구하고, $J(\theta)$의 변화도를 계산하는 것이다. 이 변화도를 이용하여 다시 정책을 업데이트하는 것을 반복한다.

정책 변화도 알고리즘은 연속적인 행동 공간에서 높은 학습 능력을 보여 준다. 예를 들면, 연속적인 값인 로봇 운동 제어의 경우에 정책 변화도 방법을 적용하여 최적 제어법을 학습할 수 있다.

대표적인 정책 변화도 기법으로 리인포스(REINFORCE) 알고리즘, 행위자-비평자(Actor-Critic) 알고리즘을 들 수 있다. 리인포스 알고리즘은 궤적 단위로 수집된 데이터를 기반으로 정책 파라미터를 업데이트하는 것이다. 행위자-비평자 알고리즘은 가치 기반 학습과 정책 경사도 방법을 결합한 형태로, 정책을 업데이트하는 행위자(Actor)와 가치 함수를 학습하는 비평자(Critic)로 구성된다. 비평자가 현재 정책의 행동을 평가하여, 행위자가 더 효율적으로 학습할 수 있도록 돕는다.

강화 학습 요약

강화 학습은 행위자가 환경과 상호작용하면서 스스로 학습하는 능력을 갖추게 하는 기법이다. 마르코프 결정 과정을 적용하여 강화 학습을 위한 기본 구조를 수학적으로 정의한다. Q-러닝은 가치 기반 학습을 통해 최적의 정책을 도출하며, 특히 심층 Q-러닝은 신경망을 활용하여 복잡한 고차원 환경에서도 높은 성능을 보여 준다. 정책 변화도는 정책 자체를 직접 학습하는 방식으로, 행동 공간이 연속적일 때 주로 사용된다.

참고문헌

용성중 외(2022). 에이전트 학습 속도 향상을 위한 Q-Learning 정책 설계. ≪실천공학교육논문지≫, 14권 1호, 219-224쪽.

하은규·김창복(2019). DQN을 이용한 트레이딩 예측을 위한 강화학습 모델 구현. ≪한국정보기술학회논문지≫, 17권 4호, 1-8쪽.

한정수(2011). 정책 기울기 값 강화학습을 이용한 적응적인 QoS 라우팅 기법 연구. ≪한국컴퓨터정보학회논문지≫, 16권 2호, 93-99쪽.

Mnih, V., et al.(2015). Playing Atari with Deep Reinforcement Learning. arXiv preprint arXiv:1312.5602.

Sutton, R. S., et al.(2000). Policy Gradient Methods for Reinforcement Learning with Function Approximation. *Advances in Neural Information Processing Systems,* 12, pp.1057-1063.

Sutton, R. S. & Barto, A. G.(2018). *Reinforcement Learning: An Introduction*(2nd ed.). MIT Press.

07
신경망과 딥러닝

신경망은 여러 개의 계층으로 구성되며, 각 계층은 뉴런으로 이루어진다. 딥러닝은 이러한 신경망을 깊게 쌓아 복잡한 문제를 해결하는 것이다.

AI와 윤동주?

신경망은 데이터를 처리하고 학습하는 AI 알고리즘의 구조로, 인간의 뇌에서 영감을 받아 개발되었다. 신경망은 여러 개의 계층(layer)으로 구성되며, 각 계층은 일련의 뉴런(neuron)으로 이루어진다. 이러한 구조는 특히 복잡한 패턴을 인식하고 예측하는 분야에서 탁월한 성능을 발휘하여, 이미지 분류와 음성 인식 등에 널리 사용되고 있다. 본 장에서는 신경망과 딥러닝에 대해 구성과 개념 위주로 간략히 살펴보겠다.

신경망의 기본 구조

인공신경망은 수많은 노드(Node)로 구성되어 있는데, 신경망을 구성하는 기본 단위인 이 노드를 뉴런이라고 한다. 뉴런들은 서로 연결되어 데이터를 전달하고, 데이터를 바탕으로 학습한다. 이러한 뉴런을 용도별로 분리한 단위를 층이라 한다. 신경망은 세 가지 계층으로 나뉜다. 외부 데이터를 받아들이는 입력 계층(Input layer), 데이터를 처리하고 패턴을 학습하는 은닉 계층(Hidden layer), 최종 결과를 출력하는 출력 계층(Output layer)이 있다.

가중치(Weight) 또는 가중값은 외부 신호의 정확도를 높이기 위한 파라미터로 각 층을 교차 연결한다. 뉴런은

들어온 입력에 대해 가중치를 부여하고 활성화 함수(Activation function)에 대입하여 출력을 생성한다. 뉴런 간 연결을 거치면서, 가중치는 학습된 데이터와의 오차를 최소화할 것으로 예상되는 방향으로 계속 업데이트된다. 즉, 학습하는 과정에서 가중치가 계속 조정되면서 예측 성능을 높이는 것이다. 따라서 신경망 학습은 입력에 대한 예측의 정확도를 높이도록 가중치를 조정하는 과정이라 할 수 있다. 가중치 조정에는 주로 역전파 알고리즘이 사용된다.

역전파 알고리즘

역전파 알고리즘(Backpropagation)은 신경망의 출력과 목표 출력 사이의 오차를 최소화하기 위해 가중치를 업데이트하는 기법이다. 주어진 입력 데이터에 대하여, 계산된 출력과 실제 목표 출력 간의 차이를 줄이도록 가중치를 조정한다.

역전파 알고리즘의 순전파(Feedforward) 단계에서는, 입력 데이터를 신경망의 입력 계층에서 은닉 계층을 지나 출력 계층으로 전파한다. 뉴런들을 거치면서 활성화 함수 결괏값을 계산한다. 오차 계산(Error Calculation) 단계에서는, 신경망 출력과 목표 출력 사이의 오차를 계산한다. 평균 제곱 오차, 교차 엔트로피 손실 등을 손실 함수(Loss function)로 사용하여 오차를 정량화할 수 있다. 역전파(Backpropagation) 단계에서는, 앞에서 구한 오차를 역방향으로, 즉 출력 계층에서 시작하여 은닉 계층을 거쳐 입력 계층으로 전파한다. 오차를 기준으로 손실 함수의 출력에 대한 기울기(Gradient)를 계산할 수 있으며, 각 층에서 계산된 기울기는 그 이전 층으로 전달된다. 이를 통해 가중치가 손실 함수에 얼마나 영향을 미쳤는지 파악할 수 있다. 가중치 업데이트(Weight Update) 단계에서는, 손실 함수의 값이 최소화되는 방향으로 가중치를 업데이트한다. 계산된 기울기의 반대 방향으로 가중치를 업데이트하는데, 학습률(learning rate) 파라미터를 사용하여 가중치의 변화 폭을 조정한다. 학습률이 너무 높으면 알고리즘이 불안정해지고, 너무 낮으면 속도가 느려지므로 이를 적절히 고려한다.

역전파 기법은 딥러닝에 쓰이는 심층 신경망 알고리즘의 정확도를 크게 향상해 딥러닝의 대중화에 기여하였다.

딥러닝

딥러닝은 신경망을 깊게 쌓는 기법이다. 신경망을 이루

는 입력 계층, 은닉 계층, 출력 계층 중 데이터를 처리하고 패턴을 학습하는 은닉 계층의 층수를 깊게 늘린다는 뜻이다. 기존의 얕은 신경망보다 더 복잡한 데이터를 처리하고 학습할 수 있다.

딥러닝은 입력 데이터의 유의미한 특징을 스스로 학습하여 자동으로 추출한다(Feature extraction). 따라서 별도의 특징 공학(Feature engineering)이 필요하지 않다. 또한 발전된 합성곱 신경망 기술을 적용하면 이미지, 음성, 텍스트와 같은 고차원의 데이터를 효과적으로 처리할 수 있다. 딥러닝은 비선형적인 패턴 학습에도 탁월하다. 정류선형유닛(ReLU, Rectified Linear Unit), 시그모이드(sigmoid), 하이퍼볼릭 탄젠트(tanh) 등의 비선형 활성화 함수를 사용하여 비선형적인 복잡한 데이터 처리에 있어서 보다 높은 성능을 보여 준다.

합성곱 신경망

합성곱 신경망(Convolutional Neural Network)은 합성곱 연산을 통하여, 입력 이미지의 공간적 구조를 보존하면서 특징을 추출하는 것이다. 이미지 처리에 특화되어 이미지 분류, 객체 인식, 영상 분석 등의 문제 해결에 탁월한 성능을 보여 준다.

합성곱 신경망은 크게 합성곱 계층(Convolutional Layer), 풀링 계층(Pooling Layer), 완전 연결 계층(Fully Connected Layer)으로 구분된다. 합성곱 계층에서는, 입력 이미지에 필터를 적용하여 특징 지도(Feature map)를 생성한다. 필터는 이미지의 국소적 패턴을 감지하며, 여러 필터를 사용하면 다양한 특징을 추출할 수 있다. 풀링 계층에서는 특징 지도의 크기를 줄여서 계산 효율을 높인다. 또한 최대 풀링(Max pooling) 또는 평균 풀링(Average pooling) 방법을 적용하여 주요 특징을 강조할 수 있다. 연결 계층(Fully Connected Layer) 단계에서는, 특징 지도를 벡터로 변환하고 출력한다. 이는 이미지 분류 등의 작업에 주로 사용된다.

합성곱 신경망은 지역 연결성의 특징이 있어서, 원하는 부분만 독립적으로 계산할 수 있으며 가중치를 공유할 수 있다. 입력 데이터의 크기에 영향을 덜 받으면서, 학습된 특징은 위치에 무관하게 추출할 수 있다. 따라서 파라미터 수가 줄어들어 모델의 복잡성이 줄어들고 이에 따라 과적합 가능성도 작아진다. 공간적 관계를 유지하면서 특징을 추출하므로 회전, 반전 등 격자 데이터의 처리에 강하다. 이러한 장점에 기인하여, 합성곱 신경망은 딥러닝 이미지 처리 시스템의 표준으로 자리 잡고 있다.

순환 신경망과 장단기메모리

순환 신경망(Recurrent Neural Network)은 이전 시간 단계의 정보를 기억하여 현재 시간 단계의 출력에 반영하는 구조로 되어 있다. 이전 시간 단계의 숨겨진 상태(Hidden state)를 현재 시간 단계로 전달하며, 이러한 순환 구조 때문에 연속적 순차 데이터(Sequence data)의 패턴 학습 및 예측에 유리하다. 시계열 데이터, 자연어 처리 등에서 주로 사용된다.

기존의 순환 신경망 알고리즘에는 장기 의존성 문제(Long-term dependency)가 존재한다. 시간이 갈수록 초기 정보가 사라져 학습이 어려워지는 것이다. 이를 해결하기 위해 장단기메모리(Long Short-Term Memory)의 개선된 신경망 구조가 개발되었다.

장단기메모리에서는 장기 의존성 문제를 해결하기 위해 셀 상태(Cell state)와 게이트(Gate)라는 요소를 도입하였다. 불필요한 정보는 제거하고 중요 정보만 장기간 유지하는 것이다. 장단기메모리의 게이트는 셀 상태에 새로운 정보를 얼마나 반영할지 결정하는 입력 게이트(Input Gate), 이전 셀 상태에서 불필요한 정보를 얼마나 제거할지 결정하는 망각 게이트(Forget Gate), 현재 셀 상태에서 출력으로 내보낼 정보를 결정하는 출력 게이트(Output Gate)의 세 가지로 구분된다. 이를 통해 시계열적으로 긴 데이터에서도 더욱 효과적인 학습이 가능하다. 자연어 처리, 음성 인식, 기계 번역 등의 분야에서 높은 성능을 발휘한다.

신경망과 딥러닝의 가능성

신경망은 인간의 뇌를 모방하여 데이터를 처리하고 학습하며, 딥러닝은 이러한 신경망을 깊게 쌓아 복잡한 문제를 해결하는 것이다. 역전파 알고리즘은 학습 오차를 최소화하도록 가중치를 업데이트하는 것이다. 합성곱 신경망은 이미지 처리에서, 순환 신경망은 순차 데이터 처리에서 강점을 발휘한다. 신경망과 딥러닝은 현대 AI의 발전을 이끌어 가고 있는 기술이라 해도 과언이 아니다. 이미지 인식, 자연어 처리, 음성 인식 등의 연구 개발에서 거대한 가능성을 보여 주고 있다.

참고문헌

방성혁 외(2018). 순환신경망 기반의 사용자 의도 예측 모델. ≪정보과학회논문지≫, 45권 4호, 360-369쪽.

송영서(2020). 역전파 알고리즘을 이용한 대한민국 국민연금 고갈 시기 예측 연구. ≪전자공학회논문지≫, 57권 7호, 37-44쪽.

허경(2022). 합성곱 신경망 기초 실습 사례 개발.

≪실천공학교육논문지≫, 14권 2호, 279-285쪽.
Goodfellow, I., et al.(2016). *Deep Learning*. MIT Press.
Hochreiter, S. & Schmidhuber, J.(1997). Long Short-Term Memory. *Neural Computation*, 9(8), pp.1735-1780.
Rumelhart, D. E.(1986). Learning representations by back-propagating errors. *Nature*, 323(6088), pp.533-536.
Schmidhuber, J.(2015). Deep Learning in Neural Networks: An Overview. *Neural Networks*, 61, pp.85-117.

08
고급 알고리즘

고급 알고리즘은 고차원의 복잡한 패턴의 데이터를 처리하거나 기존의 알고리즘 성능을 높이려는 것을 목적으로 한다.

AI와 한의학?

고급 알고리즘은 단순 데이터 분류 및 예측을 넘어 복잡한 고차원 패턴의 데이터 처리 또는 기존 알고리즘 성능의 획기적 향상을 목적으로 한다. 본 장에서는 더욱 복잡한 문제를 해결하기 위한 AI 알고리즘으로 서포트 벡터 머신, 앙상블 학습, 차원 축소 기법, 트랜스포머 알고리즘을 소개한다.

서포트 벡터 머신

서포트 벡터 머신(Support Vector Machine)은 주로 분류 문제에 사용되는 강력한 지도 학습 알고리즘이다. 새로운 입력 데이터를 분류할 때, 클래스 간 경계를 명확히 하도록 비확률적 이진 선형 분류 기법을 적용한다.

서포트 벡터 머신 기법을 적용할 때는 우선 데이터를 고차원 공간으로 투영(mapping)한 후, 그 공간에서 두 클래스를 가장 잘 구분할 수 있는 초평면(hyperplane)을 탐색한다. 여기서 초평면이란 두 클래스 사이의 차이(margin)를 최대화하도록 정의되는 것으로, 이는 곧 각 데이터 포인트에서 가장 가까운 초평면까지의 거리를 최대화하는 방식이 된다. 이때 가장 가까운 데이터 포인트들을 서포트 벡터라고 한다.

고차원 공간으로 투영하여 선형 초평면으로 데이터를

분리하는 방식은 선형적으로 분리되지 않는 데이터도 처리할 수 있다는 장점이 있다. 입력 데이터를 더 높은 차원의 공간으로 투영할 때는 다항식 커널, 방사 기저 함수 커널 등의 커널 함수를 사용한다.

서포트 벡터 머신은 텍스트 분류, 이미지 분류, 바이오메트릭스 등 고차원 데이터 처리에 뛰어난 성능을 보여 준다. 데이터 전처리 및 적절한 커널 함수 선택은 처리 시간이 매우 길어지는 것을 방지할 수 있다.

앙상블 학습

앙상블 학습(Ensemble Learning)은 예측 성능 향상을 목적으로 여러 모델을 결합하는 기법이다. 단일 모델을 사용할 때보다 더 많은 관점에서 분석하여, 예측의 정확성을 높일 수 있다. 주요 앙상블 학습 알고리즘으로는 배깅, 부스팅 등이 있다.

배깅(Bagging)은 여러 모델을 독립적으로 학습한 후, 예측 결과들을 결합하여 최종 예측하는 기법이다. 대표적 예로는 랜덤 포레스트(Random Forest)가 있다. 랜덤 포레스트 알고리즘은 여러 개의 결정 트리를 학습하고, 각 트리 예측값의 평균 또는 다수결을 이용하여 최종 결과를 도출한다. 학습 모델의 분산을 줄이므로 과적합을 예방할 수 있다.

부스팅(Boosting)은 여러 모델을 순차적으로 학습시킨다. 이전 모델의 틀린 예측에 대해 더 많은 가중치를 부여하여 다음 모델을 학습하는 방식이다. 예측 오류를 점점 줄여서 최종 모델의 성능을 높이는 것으로, 에이다부스트(AdaBoost), 변화도 부스팅(Gradient Boosting) 등을 그 예로 들 수 있다. 고비용 알고리즘으로 학습이 오래 걸릴 수 있다는 단점이 있다.

차원 축소

차원 축소(Dimensionality Reduction)는 데이터의 주요 특성을 유지하면서 데이터의 차원을 감소하는 기법이다. 일반적으로 데이터의 차원이 증가할수록, 모델의 학습 시간은 늘어나고 과적합 가능성도 증가한다. 차원 축소는 고차원 데이터의 차원을 줄여서 분석의 효율성을 높이는 것을 목적으로 하며, 크게 특징 추출과 특징 선택으로 나눌 수 있다.

특징 추출(Feature Extraction)은 데이터의 주요 특징을 추출하고 차원을 축소하는 것이다. 대표적으로 주성분 분석(Principal Component Analysis)이 있다. 여기서 주성분은 데이터의 공분산 행렬의 고윳값을 이용하여 찾게 된다. 즉 변동성이 가장 많이 반영된 방향 정보를 주성분으로 보고, 데이터 분산을 최대화하는 축을 찾는 것이다. 이를 이용하여 고차원 데이터를 저차원의 공간으로 투영한 후에도 중요 정보는 잃지 않을 수 있다.

특징 선택(Feature Selection)은 데이터의 중요 특징만을 선택하여 차원을 축소하는 것이다. 데이터를 단순화하여 해석 가능성과 학습 속도를 높인다. 래퍼 방법, 필터 방법, 임베디드 방법 등이 대표적이다. 래퍼 방법(Wrapper Methods)은 특정 모델을 사용하여 최적의 특징 조합을 찾는 방법이다. 계산이 오래 걸리지만 성능을 극대화하도록 특징 집합을 선택할 수 있다. 필터 방법(Filter Methods)은 통계를 사용하여 특징의 중요도를 평가하고 중요 특징만 선택하는 것이다. 빠르고 간단하지만, 성능 최적화에는 한계가 있다. 임베디드 방법(Embedded Methods)은 학습할 때 특징 선택을 동시에 수행하는 방법이다. 라소(LASSO, Least Absolute Shrinkage and Selection Operator) 회귀 등 모델의 복잡도를 줄이면서도 중요한 특징을 선택할 수 있다.

차원 축소는 데이터 시각화, 노이즈 제거, 과적합 방지 등에 유용하게 사용된다. 특히, 주성분 분석은 데이터의 패턴 분석에 널리 활용되고 있다.

트랜스포머 알고리즘

트랜스포머(Transformer) 알고리즘은 2017년 구글이 발표한 딥러닝 모델로, 순환 신경망과 같이 시계열 데이터에서 주로 사용된다. 계산 비용이 높다는 단점이 있으나, 여러 분야에서 기존 신경망 알고리즘보다 탁월한 성능을 보여 주고 있다.

각 입력과 다른 데이터와의 상관관계를 셀프어텐션(Self-Attention) 메커니즘을 사용하여 학습하는데, 병렬 처리가 가능하여 입력된 전체 시계열 데이터를 한 번에 처리한다는 특징이 있다.

같은 시계열 데이터 처리 알고리즘인 순환 신경망 알고리즘은 데이터를 순차적으로 처리하기 때문에 병렬화가 어렵고, 과거 정보를 잊는 장기 의존성 문제가 발생하기 쉽다. 반면, 트랜스포머 알고리즘은 시계열 길이에 무관하게 모든 관계를 연결하여 한 번에 학습한다. 따라서 장기 의존성 문제가 해결되어 긴 문맥 처리에 유리하며, 병렬 처리가 가능하여 대규모 데이터 처리에서 높은 효율성을 보여 준다. 단, 어텐션(Attention) 계산 비용이 크기 때문에 시계열이 길어질수록 연산량이 상당히 증가한다는 단점이 있다.

컴퓨터 프로세서의 성능 향상과 대규모 저장장치 기

술의 발달로 인하여, 트랜스포머 알고리즘은 자연어 처리 등의 분야에서 기존 신경망 알고리즘을 추월하는 성능을 보여 주고 있다.

참고문헌

김지현(2015). 변동계수행렬을 이용한 주성분분석. ≪응용통계연구≫, 28권 3호, 385-392쪽.

설태인 외(2010). 2차원 PCA 얼굴 고유 식별 특성 부분공간 모델 기반 강인한 얼굴 인식. ≪전자공학회논문지-SP≫, 47권 1호, 35-43쪽.

정영미·임혜영(2000). SVM 분류기를 이용한 문서 범주화 연구. ≪정보관리학회지≫, 17권 4호, 229-248쪽.

제홍모·방승양(2003). 앙상블 구성을 이용한 SVM 분류성능의 향상. ≪정보과학회논문지:소프트웨어 및 응용≫, 30권 4호, 251-258쪽.

Cortes, C. & Vapnik, V.(1995). Support-vector networks. *Machine Learning*, 20(3), pp.273-297.

Dietterich, T. G.(2000). Ensemble Methods in Machine Learning. *Lecture Notes in Computer Science*, 1857, pp.1-15.

Jolliffe, I.T.(2002). *Principal Component Analysis*(2nd ed.). Springer.

Merritt, R.(2022.3.25.). What is Transformer Model?. NVIDIA, https://blogs.nvidia.com/blog/what-is-a-transformer-model/

09
AI 알고리즘 응용 사례

자연어 처리, 이미지 및 비디오 처리, 자율주행 자동차, 추천 시스템, 보건 의료 분야의 대표적인 AI 알고리즘 응용 사례를 소개한다.

AI와 화장품?

지금까지 살펴본 것처럼 AI 알고리즘은 대규모 데이터를 분석하여 그 패턴을 감지하고 앞으로 행동을 예측하는 특징이 있다. 이를 활용하는 응용 분야는 급속히 늘어나고 있다. 여기서는 AI 알고리즘의 대표적인 응용 사례로 자연어 처리, 이미지 및 비디오 처리, 자율주행 자동차, 추천 시스템, 보건 의료 분야를 소개한다.

자연어 처리

자연어 처리(Natural Language Processing)는 인간의 언어를 컴퓨터가 이해하도록 만드는 기술로 주로 텍스트 데이터를 이해하고 처리한다. 번역기, 음성 인식, 챗봇 등 여러 응용 기술에 사용되고 있다.

자연어 처리 알고리즘의 적용 예로 언어 번역기를 들 수 있다. 각 언어의 문법적 구조를 학습한 결과를 이용하여 번역할 텍스트를 분석하고, 가장 자연스러운 번역을 최종 생성한다. 음성 인식 시스템은 우선 사용자의 음성을 텍스트로 변환한 후 자연어 처리 알고리즘을 적용하는 것이다. 역시 기학습된 데이터를 적용하여 해당 텍스트를 분석하고, 다음 명령을 수행하게 된다.

최근 대규모 언어 모델(Large Language Model)이 발전함에 따라, 텍스트 생성 및 요약, 질의응답 등의 복잡한 자연어 처리 작업이 가능해지고 있다. GPT, 제미나이(Gemini), 라마(LLaMA), 클로드(Claude) 등과 같은 고도화된 언어 모델은 방대한 양의 텍스트 데이터를 학습한 결과, 문맥을 이해하고 자연스러운 문장을 생성하는 것에 탁월한 성능을 보여 준다. 마치 인간이 한 것처럼 보이는 수준으로, 고성능의 AI 챗봇은 기업의 고객 지원 부문에서 활용할 정도다. AI 챗봇은 고객센터 직원보다 고객의 질문에 신속 정확하게 응답할 수 있고, 24시간 일하면서도 임금을 올려 줄 필요도 없다. 따라서 고객 만족도 상승뿐 아니라 기업의 운영 효율성 제고에도 기여하고 있다.

이미지 및 비디오 처리

최근 AI 알고리즘은 이미지 및 비디오 처리에서 두드러진 성과를 보여 주고 있다. 주로 딥러닝 기법을 활용한 컴퓨터 비전(Computer Vision) 기술을 사용하여 객체 인식, 얼굴 인식, 이미지 분류 등을 구현한다.

객체 인식(Object Detection)은 자율주행 자동차, 보안 시스템, 의료 영상 분석 등에서 사용된다. 카메라, 레이더 등 외부 입력 센서를 사용하여 실시간으로 감지된 객체는 주변 환경과 구분하여 인식된다.

얼굴 인식(Face Recognition) 기술은 보안과 인증 시스템 등에서 활용된다. 스마트폰의 얼굴 인식 잠금 해제 기능, 공항의 자동 출입국 관리 시스템, 경찰의 용의자 식별 시스템 등이 대표적인 예다. 대규모 얼굴 데이터에 딥러닝을 적용하여 학습한 결과, 개개인의 얼굴을 구별하여 분류하는데 높은 정확도를 보여 주고 있다.

이미지 분류(Image Classification)는 특히 엑스레이(X-ray), CT, MRI 등 의료 이미지와 관련하여 그 연구 성과가 증가하고 있다. 의료 이미지에 컴퓨터 비전 기법을 적용하고 이를 분석하여 종양, 골절 등 각종 질환을 조기 진단하는 시스템이 개발 중이다. 의료 전문가에게는 빠르고 정확한 진단을 내리도록 지원하고, 환자에게는 적시에 적절한 치료를 받을 수 있도록 도와준다.

자율주행 자동차

자율주행 자동차는 주변 환경 데이터를 수집하고 분석하여 안전한 자동차의 주행 경로 및 동작 방식을 결정하는 것이다. 자동차 주변 도로를 촬영하고 차량, 보행자, 신호등 등으로 객체를 나누어 감지한다. 이렇게 포착된 주변 상황을 딥러닝과 강화학습 등 AI 알고리즘으로 이미 학습된 모델에 입력한다. AI 시스템은 입력 상황에 맞는 의사 결정 및 예측 결과를 출력하여 자동차의 안전 운행을 유도하는 것이다.

자율주행에서는 실시간으로 카메라, 라이다, 레이더 등 다양한 센서를 이용하여 차량, 보행자 등 객체를 구별 인식하여야 한다. 달리는 자동차 안에서 각 객체 사이의 상호작용을 매우 빠른 시간에 예측하고, 차량 경로 설정 및 위험 상황 회피를 위한 조치를 취하게 된다. 대규모 이미지의 빠른 식별 및 상황 분석을 위해 딥러닝 알고리즘을 적용한다.

또한, 과거 주행 데이터를 학습하여 새로운 상황에 대비할 수 있도록 한다. 복잡한 도시의 주행 환경에서 자율주행을 위한 학습이 효율적으로 이루어졌다면, 자율주행 자동차는 교통사고를 경감하고 운전자 편의를 높여줄 것이다. 다양한 상황에서 최적의 결정을 내리는 것은 강화학습 알고리즘을 사용하여 학습한다.

추천 시스템

추천 시스템은 개인마다 다른 맞춤형 콘텐츠를 제공하는 것이다. 전자 상거래, 스트리밍 서비스, 소셜 미디어 플랫폼 등에서 개인 맞춤형 서비스는 사용자의 만족도를 높여 주고 있다.

예를 들면, N 스트리밍 서비스는 사용자의 시청 기록, 선호도, 평점 등을 분석하여 사용자 맞춤형 프로그램을 추천한다. 다른 사용자와의 유사성을 기반으로 추천하는 협업 필터링, 선호 콘텐츠를 분석하여 유사 콘텐츠를 추천하는 콘텐츠 기반 필터링 기법 등이 학습에 적용된다. A 전자 상거래 서비스에서는 구매 이력, 검색 패턴, 장바구니 등을 분석하여 사용자에게 관련 제품을 추천한다. 고객이 원하는 제품을 더 많이 노출하므로, 고객 만족도 및 기업 매출의 상승을 기대할 수 있다. 소셜 미디어 플랫폼에서는 게시물, '좋아요', 댓글 등을 분석하여 추천 콘텐츠를 생성한다. 사용자가 관심 있는 정보를 더 많이 접하게 되어, 사용 시간과 매출의 증가로 연결된다.

보건 의료 분야

보건 의료 AI는 질병 진단, 치료 계획 수립, 신약 개발 등의 분야에서 우리의 건강을 지키는 혁신적인 도구로 발전하고 있다.

의료 전문가가 질병 진단을 내릴 때 AI는 강력한 도구가 되어 준다. 수백만 개의 의료 이미지를 학습한 모델을 사용하면, 암, 심장병, 당뇨병 등의 질병을 진단하고 예측할 수 있다. 기존에 고도로 숙련된 몇몇 전문가만 찾아낼 수 있었던 미세한 병변을 딥러닝을 통해 누구나 발견하고 예측할 수 있는 것이다. AI는 환자에게 맞는 최적의 치료 계획도 제안할 수 있다. 예를 들면, 유전자 정보, 병력, 생활양식 등을 분석하여 해당 환자에게 가장 효과적인 약물 조합을 찾아낼 수 있다. 이를 통해 부작용을 최소화하고 약효를 극대화할 수 있을 것이다. 또한 전통적으로 신약 개발은 막대한 자본과 오랜 연구 기간이 소요되는 대표적인 자본집약형 고비용 산업이었으나, AI 알고리즘의 발전은 이 비용을 극적으로 감축하고 있다. 수많은 생물학적 데이터를 학습하고 분석하며, 새로운 치료 표적을 발견하고, 신약 후보 물질을 식별하는 데 AI 알고리즘을 적용할 수 있다. 신약 개발의 비용과 기간을 단축하여 새로운 치료를 더욱 빠르게 받을 수 있을 것이다.

폭넓은 응용 가능성

AI 알고리즘은 이 외에도 금융, 제조, 교육 등 여러 분야에 폭넓게 응용되고 있다. 방대한 데이터를 분석하여 복잡한 문제를 해결하는 AI 알고리즘은 기술 혁신의 필수 도구로 자리 잡고 있다.

참고문헌

김민규·배현진(2020). 딥러닝 기반 의료영상 분석을 위한 데이터 증강 기법. ≪대한영상의학회지≫, 81권 6호, pp.1290-1304.

박대민(2016). 뉴스 기사의 자연어처리. ≪커뮤니케이션 이론≫, 12권 1호, pp.4-52.

박승준 외(2020). 자율주행을 위한 딥러닝 기반의 차선 검출 방법에 관한 연구. ≪한국산업융합학회 논문집≫, 23권 6호, pp.979-987.

Esteva, A., et al.(2019). A guide to deep learning in healthcare. *Nature Medicine*, 25(1), pp.24 – 29.

Goodfellow, I., et al.(2016). *Deep Learning*. MIT Press.

Grigorescu, S., et al.(2020). A survey of deep learning techniques for autonomous driving. *Journal of Field Robotics*, 37(3), pp.362-386.

Jurafsky, D. & Martin, J. H.(2008). *Speech and Language Processing*(2nd ed.). Pearson Prentice Hall.

Ricci, F.(2015). *Recommender Systems Handbook*. Springer.

10
미래의 AI 알고리즘

미래 AI 시스템을 위한 주요 주제 중 '설명 가능한 AI'와 '양자 기계학습'을 다루어 본다.

종교와 AI?

AI 알고리즘은 이미 다양한 산업 분야에서 활용되고 있지만, 그 활용도 및 신뢰성을 높이기 위해 여전히 도전해야 할 이슈가 있다. 본 장에서는 미래 AI 시스템을 위한 주요 주제 중 '설명 가능한 AI'와 '양자 기계학습'을 다루어 본다.

설명 가능한 AI

설명 가능한 AI(Explainable AI)란 AI 알고리즘이 어떻게 그러한 예측을 도출하였는지 의사 결정의 과정을 설명하여 주는 기술이다. AI 알고리즘이 점점 더 복잡해짐에 따라, 학습 모델의 내부 과정을 이해하기는 더욱 어려워지고 있다. 대표적으로 딥러닝 알고리즘의 내부 작동 엔진은 그 내용을 알 수 없는 블랙박스(black box)로 간주한다. 알고리즘이 출력한 최종 예측이나 의사 결정이 데이터의 어떤 특징을 이용하여 나온 것인지 설명하기 어렵다는 뜻이다. 이러한 불투명성은 법률, 의료, 금융 등 고도의 신뢰성 및 투명성이 요구되는 분야에서 문제를 발생시키고 있다.

중요성

설명 가능한 AI의 목적은 AI 알고리즘의 투명성을 높이고, 결과에 대한 신뢰성을 강화하는 것이다. 예를 들어 의료 사진을 AI에 적용하여 진단을 내린다고 할 때, 만약 AI가 암 진단을 내렸다면 사진의 무엇을 보고 암으로 판단했는지 알고 싶을 것이다. 그러나 AI는 '암이다' 또는 '암이 아니다'라는 결과만 보여 줄 뿐, 무슨 근거로 진단을 내렸는지 말해 주지 않는 경우가 대부분이다. 여기서 설명 가능한 AI의 필요성이 대두된다. AI가 결정을 도출하는 과정을 해석할 수 있다면, 판단에 대한 투명성과 신뢰성은 높아질 것이기 때문이다.

소중한 재산이 오가는 금융에서도 AI의 신뢰성은 중요한 이슈다. AI를 이용하여 대출 신청자의 신용도를 평가한다고 가정해 보자. 신용도 심사에서 AI가 무슨 요인을 고려하여 그러한 점수를 도출하였는지 설명할 수 있다면, 대출 심사의 공정성과 투명성이 확보되고 하지 않아도 될 법적 분쟁을 예방할 수 있을 것이다.

기술적 접근 방법

설명 가능한 AI를 구현하기 위한 기법으로 모델 가시화, 특성 중요도 분석, 대리 모델 접근법 등이 제안되고 있다. 이들의 목적은 AI의 결정 과정에 대한 통찰을 제공하는 것이다.

모델 가시화(model visualization)는 AI의 데이터 처리 과정을 시각적으로 표현하는 기법이다. 시각화 자료를 통하여 사용자는 해당 알고리즘의 작동 방식을 더욱 쉽게 이해할 수 있다. 특성 중요도 분석(feature importance analysis)은 AI 모델이 특정 결과를 도출할 때, 입력 데이터의 어느 특성이 가장 큰 영향을 미쳤는지 분석하는 기술이다. 대리 모델(surrogate model) 접근법에서는 복잡한 모델을 해석하기 쉬운 간단한 모델로 변환하여 해를 찾는다. 예를 들어 신경망 모델을 의사 결정 나무로 대체할 수 있다면, 사용자는 AI의 결론 도출 과정을 더 쉽게 파악할 수 있을 것이다.

미래 전망

AI는 사람의 의사 결정을 지원하는 방향으로 발전하고 있다. 따라서 의료, 법률, 금융 등 인간에게 중대한 영향을 미칠 수 있는 분야를 중심으로, AI가 왜 그러한 결정을 내렸는지 설명하는 능력은 더욱 중요해질 것이다. 또 설명 가능한 AI는 윤리적이고 공정한 AI 사용에 이바지하면서, AI에 대한 대중의 수용성을 높여 줄 수 있다. AI의 불투명한 의사 결정 과정을 제거하면 AI에 대한 불신도 낮아질 것이기 때문이다.

양자 기계학습

양자 기계학습(Quantum Machine Learning)은 양자 컴퓨터의 강력한 계산 능력을 활용하여, 기계학습 알고리즘을 가속화하고 더 빠르고 효율적인 학습을 수행하는 것이다. AI 알고리즘은 그 성능을 높일수록 더 큰 규모의 계산이 요구된다는 단점이 있다. 기존의 컴퓨터로는 계산할 수 없는 고차원의 복잡한 문제를 양자 컴퓨터는 해결할 수 있다. 양자 기계학습이 상용화된다면 AI 분야에 새로운 혁신이 일어날 것은 자명하다.

양자 컴퓨팅의 원리

기존 컴퓨터는 0과 1을 사용하여 데이터를 처리하는 반면, 양자 컴퓨터는 큐비트(qubit)를 사용한다. 큐비트는 0과 1의 상태를 동시에 가지는 중첩(superposition) 특성이 있는데, 이를 이용하여 복잡한 계산도 병렬적으로 빠르게 수행할 수 있다. 얽힘(entanglement), 양자 터널링(quantum tunneling) 등의 고유 특성들도 AI 학습의 성능 향상을 위해 사용될 수 있다.

양자 기계학습의 응용 가능성

양자 기계학습의 장점은 비교할 수 없을 정도로 속도가

빠르다는 것이다. 기존 컴퓨터로 수개월이 걸리는 복잡한 패턴 인식 작업을 단 몇 초 만에 완료할 수 있다. 현재 대규모의 데이터 학습에는 고성능 컴퓨터를 이용한다고 해도 아주 오랜 시간이 필요하다. 양자 기계학습은 학습 시간을 극적으로 단축하여 이미지 인식, 자연어 처리, 유전자 분석, 실시간 금융 분석 등 데이터 처리량이 많은 분야에 획기적인 변화를 가져올 것으로 기대된다. 또한, 현재 컴퓨터 성능의 한계로 시뮬레이션할 수 없어 풀지 못하는 문제를 해결할 수 있을 것이다. 신약 개발을 위한 화학 조성 최적화와 같은 복잡한 문제 해결에 양자 컴퓨팅을 사용할 수 있다.

양자 기계학습의 도전 과제

그러나 양자 기계학습은 상용화까지 많은 도전 과제가 남아 있다. 현재의 기술로는 큐비트를 충분한 시간 동안 안정적으로 유지하기 어렵고, 극저온 등 매우 민감한 환경에서만 작동한다는 한계가 있다. 게다가 계산 오류가 많아 안정적인 연산 처리를 위해서는 지속적 연구가 필요하다.

양자 기계학습의 미래 전망

양자 기계학습의 효율적 구현을 위해서는 새로운 AI 알고리즘 개발이 필요할 것이다. 기계학습 알고리즘은 대부분 기존 컴퓨터를 기반으로 설계되었다. 이를 양자 컴퓨팅 환경에 적합하게 재설계할 수 있도록, 양자 컴퓨팅 전문가와 AI 기술 연구자 사이의 협력이 미래 AI 분야의 주요 이슈로 떠오를 것이다. 복잡한 문제는 양자 컴퓨터로, 나머지는 고전 컴퓨터로 처리하는 하이브리드 컴퓨팅 환경도 기대해 볼 수 있다. 현재와 비교할 수 없이 빠른 속도로 계산하는 능력은 AI 알고리즘의 적용 분야를 크게 확장할 것이다. 금융, 의료, 에너지 등 수많은 분야에 인간이 아직 풀지 못한 문제들은 산적해 있다.

AI 알고리즘의 미래

설명 가능한 AI와 양자 기계학습은 대표적인 미래의 AI 알고리즘 연구 분야다. 설명 가능한 AI는 도출된 결과에 대한 신뢰성을 높여서, 보다 책임감 있게 AI 시스템이 사용될 수 있도록 한다. 양자 기계학습은 강력한 계산 능력에 힘입어 AI 알고리즘 성능을 획기적으로 높여 줄 것이다. 이러한 기술들은 미래 AI 분야의 새로운 가능성을 열어 줄 것으로 기대된다.

참고문헌

김준범·구유리(2024). 설명 가능한 AI와 모바일 금융상품 탐색 경험요인 융합을 통한 서비스 시나리오 제안 - 2030 청년층을 중심으로. ≪한국과학예술융합학회≫, 42권 1호, 59-73쪽.

이동언 외(2022). 의료영상 분야를 위한 설명가능한 인공지능 기술 리뷰. ≪의공학회지≫, 43권 4호, 259-270쪽.

Biamonte, J., et al.(2017). Quantum machine learning. *Nature*, 549(7671), pp.195-202.

Preskill, J.(2018). Quantum Computing in the NISQ era and beyond. *Quantum*, 2, p.79.

Samek, W., et al.(2017). Explainable Artificial Intelligence: Understanding, Visualizing and Interpreting Deep Learning Models. arXiv preprint arXiv:1708.08296.

Tjoa, E. & Guan, C.(2020). A Survey on Explainable Artificial Intelligence (XAI): Toward Medical XAI. *IEEE Trans. on Neural Networks and Learning Systems*, PP(11).

이종원

서울사이버대학교 컴퓨터공학과 조교수다. 한성과학고를 졸업한 후 서울대학교 전기공학부와 경영학과에서 학사 학위를, 미국 퍼듀(Purdue) 대학교 전기컴퓨터공학과에서 석사와 박사 학위를 받았다. 국방과학연구소 미사일연구원과 정책기획부에서 선임연구원으로 재직하면서 국방 기술 연구와 기획 업무를 수행하였고(2011~2022), 스타트업의 창업 공동 대표로 AI 경영 지원을 위한 모바일앱을 개발하였다(2022~2024). 서울사이버대학교 컴퓨터공학과 교수로 임용된 후, 현재 AI 응용 분야 및 선형대수 알고리즘에 대한 강의와 연구에 전념하고 있다.